# LUCAS DE CONSCIENCE,

COMÉDIE EN TROIS ACTES ET EN PROSE,

## PAR M. CHARLES LAFONT,

Représentée pour la première fois au Théâtre Français, par les Comédiens ordinaires du Roi,
le lundi 9 décembre 1839.

## DISTRIBUTION :

| | |
|---|---|
| M. DE VARNA. (Premier rôle.)........................ | M. SAMSON. |
| NINETTE, sa fille. (Ingénuité.)..................... | M^lle DOZE. |
| M. FABRICIUS, son ami. (Haut comique.)............. | M. PERIER. |
| M^me FABRICIUS. (Premier rôle marqué.).............. | M^lle MANTE. |
| LÉOPOLD, neveu de M^me Fabricius. (Deuxième amoureux.) | M. MIRECOUR. |
| M. WOLF, ministre du culte luthérien. (Père noble.)........ | M. DESMOUSSEAUX. |
| CHARLES, son neveu. (Jeune premier rôle.)............... | M. GEFFROY. |
| UN DOMESTIQUE.................................. | M. ALEXANDRE. |

La scène se passe à Stuttgard, de nos jours.

# ACTE I.

Un salon chez M. de Varna. Portes latérales ; porte au fond. La décoration est la même pendant les trois actes.

## SCÈNE I.

M. DE VARNA, feuilletant des papiers ; M. et M^me FABRICIUS, assis à une table, et prenant du thé ; NINETTE, entre eux.

M. FABRICIUS.

Donnez-moi encore une tasse de thé, Ninette... Votre père est furieusement occupé de sa lecture... Mon cher Varna, je bois du thé délicieux !.. pourquoi n'es-tu pas des nôtres ?..

M. DE VARNA.

Tout à l'heure.

M. FABRICIUS.

Que Diable lis-tu là avec tant d'attention ?..

M. DE VARNA.

Un rapport sur une affaire très importante.

M. FABRICIUS.

Dont l'auteur...

M. DE VARNA.

Est M. Miller, mon secrétaire.

M. FABRICIUS.

Ah! charmant sujet !.. du savoir sans pédanterie, de l'esprit sans insolence, et de la politesse! Il ne ressemble guère aux jeunes gens de ce temps-ci...

NINETTE.

N'est-ce pas, M. Fabricius ?.. Voulez-vous encore une tasse de thé ?..

M^me FABRICIUS.

N'ai-je pas vu, sur votre piano, une romance composée par lui, Ninette ?

NINETTE.

Si vous voulez, je vous la chanterai.

M^me FABRICIUS.

Et, dans votre album, des paysages signés de son nom ?..

NINETTE.

J'en fais des copies.

M^me FABRICIUS.

C'est un génie universel.

M. FABRICIUS, à part.

M^me Fabricius a quelque chose, ce matin.

NINETTE, voyant son père qui se lève.

Ah! mon père, vous avez fini ?

(Elle lui sert une tasse de thé.)

M. DE VARNA.

Eh bien! mesdames, avez-vous préparé vos toilettes pour la solennité de demain ?.. Grand sujet de consultation !*

M^me FABRICIUS,

Ah! que cette question révèle bien le superbe mépris que vous avez pour nous, chétives créatures, toujours occupées de chiffons !..

M. FABRICIUS, à part.

Elle a quelque chose... (Haut.) Quelle est cette solennité ?

M. DE VARNA.

L'as-tu oublié, froid personnage !.. le dix-huit octobre !.. Est-ce que cette date-là ne fait rien vibrer dans ta poitrine ! Il y a vingt-six ans, à pa-

* M. Fabricius, M. de Varna, assis à table; Ninette, M^me Fabricius.

20

reil jour, l'Allemagne recouvrait son indépendance, sur le champ de bataille de Leipsick !..

M. FABRICIUS.

Je n'y étais pas.

M. DE VARNA.

J'y étais, moi !..

NINETTE.

Enfin, la journée de demain est une fête pour toute l'Allemagne... et la ville donne un grand bal.

M. FABRICIUS.

Comptez-vous y aller, madame ?

M<sup>me</sup> FABRICIUS.

Assurément.

M. FABRICIUS.

Et tu y mèneras ta fille ?..

M. DE VARNA.

Sans aucun doute.

M. FABRICIUS.

Qu'allez-vous faire dans cette cohue ?

M. DE VARNA.

Un des travers les plus communs chez les personnes de notre âge, c'est de nier les plaisirs qu'elles ne comprennent plus.

M. FABRICIUS.

Je n'ai jamais compris celui du bal.

M. DE VARNA.

Il y a quelque vingt ans, tu le comprenais à merveille.

M. FABRICIUS.

Ainsi, tu ne crains, pour ta fille, aucun des accidens si fréquens dans les assemblées trop nombreuses ?..

M<sup>me</sup> FABRICIUS.

Et quel accident peut-il arriver ?

M. FABRICIUS.

Madame, la plus belle fête que j'aie vue a été interrompue par un incendie, et moi, qui étais venu pour m'amuser, j'ai failli être brûlé vif.

M<sup>me</sup> FABRICIUS.

Vous étiez au bal de la princesse de Schwartzemberg ?

M. DE VARNA.

Non ; il veut parler d'une fête qui fut donnée en 1815, par les échevins de Vienne, à tous les officiers allemands qui s'étaient battus à Leipsick. L'Empereur avait mis le palais de Barleim à la disposition des ordonnateurs de la fête. A dix heures du soir, le feu prit dans un des salons...

M. FABRICIUS, se levant.

Et le tumulte fut grand.

NINETTE.

Des victimes ?

M. DE VARNA.*

Beaucoup de désordre... rien de grave, au fond.

M<sup>me</sup> FABRICIUS, à son mari.

Et comment assistiez-vous à cette fête, vous qui ne fûtes jamais militaire, et qui n'étiez pas à la bataille de Leipsick ?

M. DE VARNA.

Aussi, n'était-il pas invité ; mais moi je souffrais alors des premières atteintes de la maladie qui m'a fait quitter le service. Aller au bal !.. j'y songeais bien. J'étais forcé de garder le lit. Fabricius vint chez moi, et ce même homme qui n'a jamais aimé le monde, pressa, supplia, et fit si bien qu'il emporta mon uniforme et ma carte d'invitation...

M<sup>me</sup> FABRICIUS.

Et personne ne reconnu le geai, sous les plumes...

M. FABRICIUS.

Mamour, il y avait quatre mille personnes dans le palais de Barleim... on ne fit guère attention à moi... au reste, ma curiosité faillit me coûter cher. J'ai des frissons quand je songe au danger que j'ai couru ; et nous ferons bien de ne plus en parler.

M. DE VARNA.

Au fait, il était convenu que nous ferions une promenade en calèche avant le dîner : nous pouvons partir.

NINETTE.*

M. Miller ne viendra-t-il pas avec nous ?..

M<sup>me</sup> FABRICIUS, à part.

Toujours M. Miller !

M. DE VARNA.

Je vais le lui proposer, et faire atteler devant moi, mes chevaux les plus doux.

M<sup>me</sup> FABRICIUS.

C'est une attention dont je vous saurai gré.

NINETTE.

Vous m'excuserez si je vous laisse. Il faut que j'aille mettre un chapeau. Je ne me ferai pas attendre.

(M. de Varna sort par le fond, Ninette entre chez elle par la porte de gauche.)

## SCÈNE II.

### M. et M<sup>me</sup> FABRICIUS.

M<sup>me</sup> FABRICIUS.

J'ai des inquiétudes, Monsieur, de graves inquiétudes.

M. FABRICIUS.

J'avais cru m'en apercevoir ; mais, je n'en ai pas deviné le motif.

M<sup>me</sup> FABRICIUS.

Ah ! vous ne devinez jamais rien !

M. FABRICIUS.

J'attends toujours que tu m'expliques.

M<sup>me</sup> FABRICIUS.

C'est ce que je veux faire. Pour commencer, tenez-vous à ce que Léopold, mon neveu, épouse M<sup>lle</sup> de Varna, la fille de votre parent et de votre meilleur ami ?..

M. FABRICIUS.

J'y tiens beaucoup, puisque cela te fait plaisir.

M<sup>me</sup> FABRICIUS.

Vous avez d'autres raisons pour désirer ce mariage... d'abord, Léopold est un beau parti : il n'est pas riche, c'est vrai ; mais un récent décret de l'Empereur lui a permis de prendre le nom et les armes de feu le comte de Blumenthal, son grand-oncle ; ensuite, il est mon unique héritier, puisque le ciel m'a refusé des enfans...

M. FABRICIUS.

Amélie...

<hr>

*M. Fabricius, M. de Varna, M<sup>me</sup> Fabricius, debout. Ninette fait desservir la table à thé.

* M. Fabricius, M<sup>me</sup> Fabricius, M. de Varna, Ninette.

Mᵐᵉ FABRICIUS.

Vous devez donc m'aider à l'établir convenablement.

M. FABRICIUS.

Ce cher Président n'a-t-il pas promis de lui donner sa fille ?

Mᵐᵉ FABRICIUS.

Oui, si sa fille y consent ; c'est-à-dire que cette petite sotte se mariera tout-à-fait à sa guise, et que si au lieu de Léopold elle veut M. Miller...

M. FABRICIUS.

M. Miller !.. que me dis-tu là ?

Mᵐᵉ FABRICIUS.

Je dis qu'il est amoureux de Ninette, et je me trompe fort si Ninette est indifférente pour lui. Vous avez bien pris votre temps pour faire son éloge ! Ce petit impertinent ! Au reste, tout ceci est l'ouvrage de M. de Varna qui l'a toujours admis à sa table, dans sa voiture. Quand on a des égards exagérés pour ses gens...

M. FABRICIUS.

Ses gens !..

Mᵐᵉ FABRICIUS.

Allez-vous prendre son parti ?..

M. FABRICIUS.

Dieu m'en garde !..

Mᵐᵉ FABRICIUS.

Ce n'est qu'un secrétaire, après tout; sait-on quelle est sa famille ?.. Comment M. de Varna l'a-t-il connu ?..

M. FABRICIUS.

Tu sais que, dans les quelques momens libres que lui laissent ses fonctions, le Président écrit des articles dans la revue de Stuttgard...

Mᵐᵉ FABRICIUS.

Oui, il est auteur ; c'est un travers à joindre à tant d'autres.

M. FABRICIUS.

Il y a trois mois, cette revue publia un travail qu'un jeune homme encore inconnu lui avait envoyé. M. de Varna remarqua ce travail, s'intéressa à son auteur et le prit pour secrétaire ; tu vois donc bien qu'il n'est pas dans la maison sur le pied d'un salarié, et que...

Mᵐᵉ FABRICIUS.

Vous m'aviez déjà raconté cette histoire ; mais croyais-je que M. Miller pût jamais m'occuper ! Il faut bien cependant que je m'en occupe... L'intérêt de mon neveu... cent mille florins de dot !.. enfin il est urgent de prendre un parti. Avertir M. de Varna , c'est ce que je vois de mieux à faire...

M. FABRICIUS.

Prends garde ; je le connais, il te demandera des preuves à l'appui.

Mᵐᵉ FABRICIUS.

J'invoquerai votre témoignage.

M. FABRICIUS,

Je ne sais rien que par toi.

Mᵐᵉ FABRICIUS.

Et vous refusez de me croire sur parole ; il y a un moyen de vous convaincre.

M. FABRICIUS.

Et lequel ?..

Mᵐᵉ FABRICIUS.

Vous êtes bien avec M. Miller ?

M. FABRICIUS.

Jusqu'à un certain point.

Mᵐᵉ FABRICIUS.

Dites-lui que votre neveu est au moment de revenir pour épouser Mˡˡᵉ de Varna; vous verrez l'effet de cette nouvelle.

M. FABRICIUS.

C'est un piége.

Mᵐᵉ FABRICIUS.

Bien innocent... et vous ne le lui tendez que dans son intérêt.

M. FABRICIUS.

Comment ?

Mᵐᵉ FABRICIUS.

Où peut le conduire cet amour ? M. de Varna est fort philosophe ; mais si on lui proposait de prendre son secrétaire pour son gendre !.. Le voici... pas un mot de plus. Si M. Miller ne vient pas avec nous, vous trouverez un prétexte, et vous resterez ici pour lui parler.

## SCÈNE III.

M. et Mᵐᵉ FABRICIUS, M. DE VARNA ;
puis NINETTE.

M. DE VARNA.

Je vous demande pardon d'avoir un peu tardé. M. Miller me retenait. Mais les chevaux sont mis; partons-nous ?.,

NINETTE , entrant.

Me voilà. Est-ce que M. Miller ne vient pas avec nous ?

Mᵐᵉ FABRICIUS , à son mari.

Entendez-vous ?

M. DE VARNA.

Impossible ! j'avais oublié qu'il doit faire une visite chez un de mes collègues.

NINETTE , à part.

Mes frais de toilette sont perdus. (Haut.) J'oubliais... voici une lettre qu'on vient d'apporter pour vous...

Mᵐᵉ FABRICIUS.

L'écriture de mon neveu... Vous permettez ?..

M. FABRICIUS.

Qui vous l'a remise ?..

NINETTE.

La femme de chambre m'a dit que c'était un dragon du régiment de M. Léopold.

M. FABRICIUS.

Son régiment est à cinquante lieues d'ici.

NINETTE.

C'est ce que je disais.

Mᵐᵉ FABRICIUS.

Quel bonheur ! il m'annonce son retour. Le ministère a rappelé son régiment à Stuttgard , et le voyage a été si rapide, que c'est ce matin seulement, et dans le petit village d'Alberstadt qu'il a trouvé le temps de m'écrire.

M. FABRICIUS.

Alors, il ne saurait tarder.

M. DE VARNA..

Ma chère dame, vous voilà heureuse ; je vous fais mon compliment.

Mᵐᵉ FABRICIUS.

C'est du bonheur pour nous tous, mon cher Président. Vous savez combien j'aime Ninette, et qu'il me serait bien doux...

M. DE VARNA.

Nous reparlerons de cela.

Mᵐᵉ FABRICIUS.

Nous avons votre parole.

M. DE VARNA.

Je ne la retire pas. Votre neveu a des qualités ; il était un peu étourdi...

Mᵐᵉ FABRICIUS.

C'est un défaut dont on se corrige.

M. DE VARNA.

Quand doit-il arriver ?..

Mᵐᵉ FABRICIUS.

Il m'écrit que son régiment fait une halte qui ne durera pas plus de deux ou trois heures.

M. DE VARNA.

Où devions-nous aller nous promener ? Au cours ?.. montons en voiture ; et que le cocher nous conduise sur la route d'Alberstadt. Nous ne pouvons manquer de rencontrer votre neveu.

Mᵐᵉ FABRICIUS.

Voilà qui est décidé... je vous remercie.

NINETTE, à part.

Que je vais m'ennuyer !..

M. FABRICIUS, bas à sa femme.

Tu n'as plus d'inquiétudes maintenant ; je puis sortir...

Mᵐᵉ FABRICIUS, de même.

Moins que jamais. Il ne faut pas que ces deux jeunes gens se rencontrent.

M. DE VARNA.

Tu ne viens pas Fabricius ?.. qui t'arrête ?..

M. FABRICIUS.

Une affaire imprévue...

Mᵐᵉ FABRICIUS.

Et indispensable ; il s'en débarrasse maintenant pour nous donner le reste de la journée. Partons, partons.                    (Ils sortent.)

## SCÈNE IV.

#### M. FABRICIUS, seul.

Toujours la même ! si je veux sortir, il faut que je reste ; rester, il faut que je sorte... Ma tranquillité me coûte quelquefois bien cher.

## SCÈNE V.

#### M. FABRICIUS, M. MILLER.

M. MILLER, arrivant par la porte de droite.

Comment, vous êtes ici, monsieur ? je vous croyais sorti avec madame votre femme et M. de Varna. Monsieur votre neveu n'arrive-t-il pas aujourd'hui ?..

M. FABRICIUS.

En effet, M. de Varna et ces dames sont allés au-devant de lui ; mais, moi, je suis resté... quelques ordres à donner... quelques arrangemens à prendre... Je n'en serai pas moins heureux de causer un instant avec vous...

M. MILLER.

Y a-t-il long-temps que vous n'avez vu M. de Blumenthal ?

M. FABRICIUS.

Il y a dix-huit mois, depuis sa sortie de l'école militaire. Avant, il était toujours chez moi, ou dans cette maison. M. de Varna s'intéressait beaucoup à son avenir.

M. MILLER.

Il a une bonté si parfaite.

M. FABRICIUS.

Vous continuez à être content de lui ?..

M. MILLER.

Comment ne le serais-je pas ?.. L'accueil qu'il m'a fait sans me connaître... les égards dont il me comble, sans que je les aie mérités...

M. FABRICIUS.

Je voulais dire : Content de vos fonctions ?

M. MILLER.

Je suis fier d'être admis à prendre part à ses travaux...

M. FABRICIUS.

M. de Varna a du crédit, beaucoup de crédit : il peut vous pousser dans les emplois. A votre place, je me ferais attacher à quelque ambassade.

M. MILLER.

Ah ! je n'ai pas d'ambition : je ne désire aucun changement dans mon état.

M. FABRICIUS.

Diable !.. Vous feriez bien cependant de profiter de ses bonnes intentions. Il va marier sa fille, et c'est un événement qui donnera peut-être un autre cours à ses idées...

M. MILLER.

Mˡˡᵉ de Varna se marie ?..

M. FABRICIUS.

A mon neveu, M. de Blumenthal. Il revient exprès...

M. MILLER.

Exprès ?..

M. FABRICIUS.

C'est une affaire arrangée entre nous depuis long-temps. Ne le saviez-vous pas ?..

M. MILLER.

Non... si... si fait : recevez mes félicitations.

M. FABRICIUS.

Et vous, songez au conseil que je vous donne : Votre position chez M. de Varna est précaire, et, s'il se présentait une occasion de l'améliorer...

M. MILLER.

Monsieur, j'ai eu des raisons particulières pour accepter la place qu'il m'offrait. Si je la quitte, ce ne sera que pour reprendre ma liberté.

M. FABRICIUS.

A votre aise. La liberté est une belle chose. Une place n'est rien, mon cher ami ; on peut toujours donner sa démission ; mais le mariage !.. ah ! le mariage ! n'enviez jamais le sort d'une personne qui se marie !.. (A part.) Mᵐᵉ Fabricius ne s'était pas trompée. Ces femmes ont un instinct !.. (Haut.) A bientôt.     (Il sort.)

## SCÈNE VI.

#### M. MILLER, seul.

Quel réveil !.. ah ! je devais m'y attendre !.. Comme ses yeux cherchaient à lire dans les miens !.. C'était une épreuve... je le vois bien ; mais la nouvelle qu'il m'a donnée n'en est pas moins vraisemblable !.. Ainsi, ma folle passion a cessé d'être un secret ; il faut que je quitte cette maison, si je ne veux pas en être chassé!.. Chassé!.. moi!.. Ah! Dieu me punit!.. je ne suis pas le maître de ma jeunesse. Ce n'est point pour la dissiper en vœux insensés... en projets stériles... que j'ai quitté mon cher oncle, monsieur Wolf, mon second père!.. J'avais une mission à remplir dans le monde, et je l'ai oubliée... Pauvre jeune fille!.. elle sera donc sacrifiée!.. Sacrifiée!.. qui me donne le droit de le croire?.. M. de Varna n'est-il pas le meilleur des pères, comme il est le plus juste des hommes?.. Si sa fille se marie, c'est qu'elle y consent... c'est qu'elle aime ce monsieur de Blumenthal!.. Mon parti est pris... si cette nouvelle se confirme, je pars. Aussi bien, le bonheur que j'éprouvais dans cette maison était troublé par de continuelles inquiétudes... D'un moment à l'autre, M. de Varna peut apprendre que je suis entré chez lui sous un nom qui n'est pas le mien... Alors... alors je lui dirais toute la vérité. Et je ne crains pas de perdre son estime ; les motifs qui ont dicté ma conduite ne sont certainement pas coupables!..

## SCÈNE VII.

M. MILLER, LÉOPOLD, en officier.

LÉOPOLD.

Personne!.. tout le monde est parti! et cependant, on a reçu mon billet!..

M. MILLER, saluant.

Monsieur...

LÉOPOLD, rendant le salut.

Monsieur...

M. MILLER.

M. de Blumenthal, sans doute?

LÉOPOLD.

Lui-même ; mais à qui ai-je l'honneur?..

M. MILLER.

Je suis le secrétaire de M. de Varna.

LÉOPOLD.

M. Charles Miller! ma tante m'a parlé de vous dans ses lettres. Mais monsieur, n'était-on pas instruit de mon arrivée?.. Quelle est cette réception qu'on me fait?..

M. MILLER.

On est allé au-devant de vous sur la route d'Alberstadt.

LÉOPOLD.

Cette chère tante!.. et moi qui l'accusais!.. Ah ça! si elle fait aller les chevaux, jusqu'à ce qu'elle me rencontre, elle n'est pas près de s'arrêter... Mais, monsieur, c'est étrange, plus je vous regarde, et plus il me semble que nous nous sommes déjà rencontrés... ne pourriez vous aider ma mémoire?..

M. MILLER.

Nous ferons bien de remettre à une autre heure cet éclaircissement. Votre famille revient: je vous laisse avec elle; je me reprocherais de troubler par ma présence la douceur de cette première entrevue..

(Il sort.)

LÉOPOLD, seul.

Il s'agit de se conformer aux instructions de ma tante, et de prendre un air sentimental.

## SCÈNE VIII.

LÉOPOLD, M. et M<sup>me</sup> FABRICIUS,
M. de VARNA, NINETTE.

M<sup>me</sup> FABRICIUS.

Ici, dites vous, ici? Hé, le voilà!

M. FABRICIUS.

Nous jouons aux barres.

LÉOPOLD*.

Ma chère tante! toujours belle! Monsieur... Mademoiselle...

M. DE VARNA.

Embrassez, mon cher, je vous permets d'embrasser... pardieu! il n'y a pas si long-temps que vous jouiez ensemble!.. Mais comment vous trouvez-vous ici, quand nous vous cherchions sur la grande route?

LÉOPOLD**.

C'est tout simple, mon impatience me faisait trouver les heures aussi longues que des siècles. J'ai fini par demander une permission à mon colonel... il me l'a accordée... et je suis parti par un chemin de traverse, au risque de me casser le cou, mais dans l'espoir d'arriver un quart d'heure plus tôt. Comme j'allais descendre chez ma tante, on m'a dit qu'elle était chez vous... et je suis venu. Mais vous-même?

M. DE VARNA.

Nous avons rencontré, sur la route, des dragons de votre avant-garde qui nous ont empêchés d'aller plus loin...

M<sup>me</sup> FABRICIUS.

Tu ne pouvais arriver plus à propos. Nous allions demander un congé pour toi au ministre.

LÉOPOLD.

Un congé?

M<sup>me</sup> FABRICIUS.

Tu nous en avais priés. Tu exprimais dans toutes tes lettres le désir de revenir à Stuttgard, de revoir la compagne de ton enfance.

LÉOPOLD.

Je ne sais si je l'ai dit, mais je le pensais.

M<sup>me</sup> FABRICIUS, bas.

Hé, va donc! on a bien de la peine à te faire parler.

M. DE VARNA.

Ça, j'estime que cette course à cheval vous a donné de l'appétit; ne prendrez-vous rien avant le dîner.

LÉOPOLD.

Si fait, si fait; surtout si vous ne dînez pas tout de suite.

M<sup>me</sup> FABRICIUS, bas.

Léopold!..

LÉOPOLD.

Cependant, toute réflexion faite... l'émotion que j'éprouve... j'attendrai...

M. FABRICIUS.

Tu feras bien; il ne faut jamais gâter ses repas.                    (Entre un domestique.)

M. DE VARNA.

Qu'est-ce?..

LE DOMESTIQUE, tenant des papiers.

De la part de M. de Raab, pour cette affaire qui doit être jugée demain.

* M. de Varna, Ninette, M<sup>me</sup> Fabricius, Léopold, M. Fabricius.
** M. de Varna, Ninette, Léopold.

M. DE VARNA.

Portez à mon secrétaire.

(Le domestique sort.)

LÉOPOLD.

Votre secrétaire ? n'est-ce pas un jeune homme assez bien, l'air un peu grave, que j'ai trouvé dans ce salon ?..

M. DE VARNA.

Probablement. Je vous demande votre amitié pour lui, Léopold.

LÉOPOLD.

Il nous sera d'autant plus facile de nous lier, que nous avons déjà failli nous battre.

M. DE VARNA.

Un duel ?..

LÉOPOLD.

Un duel.

M<sup>me</sup> FABRICIUS.

Tu connais donc M. Miller ?..

LÉOPOLD.

Très bien ! mais ce n'est pas là son nom.

M. DE VARNA.

Que dites-vous là, Léopold ?.. vous vous méprenez...

LÉOPOLD.

Point du tout ! d'abord au premier coup-d'œil que j'ai jeté sur lui, j'ai été frappé... je me suis dit : voilà une figure de ma connaissance...

M. DE VARNA.

Où l'avez-vous vu ?

LÉOPOLD.

Aux environs de Steinbach,* dans un bal de village, où il valsait avec une très jolie femme, parbleu !..

NINETTE.

Une jolie femme !.. racontez-nous donc cela ?

M<sup>me</sup> FABRICIUS.

Cependant, si ton récit...

LÉOPOLD.

Pour qui me prenez-vous ?.. la chose pourrait être rapportée dans un pensionnat de demoiselles !.. J'étais allé à une fête champêtre, avec quelques officiers de mes amis ; j'aperçois, tout-à-coup, parmi les danseuses, la plus jolie petite personne... la bouche grande comme l'œil, le pied grand comme la main.

M<sup>me</sup> FABRICIUS.

Léopold...

LÉOPOLD.

Enfin, elle n'était pas mal pour une beauté de village. Je vais à elle et je l'engage à valser ; elle rougit et se tourne vers une espèce de tuteur ou de père, qui avait l'air d'un professeur ou d'un ministre, et qu'elle semble consulter des yeux ; on lui répond par un signe de tête imperceptible, en vertu duquel je suis refusé.

M. FABRICIUS.

Hé, petite sotte !..

M. DE VARNA.

Mais, M. Miller...

LÉOPOLD.

Nous y voici : Je m'étais retiré fort dépité ; mais jugez de ma surprise, de mon indignation, quand je la vis qui acceptait un autre engagement... Je n'aurais pas mérité de porter les épaulettes, si j'avais souffert patiemment un pareil

---

affront ; je reviens à l'inconnue, et m'adressant à son cavalier : Monsieur, Mademoiselle n'ayant pas voulu danser avec moi, ne peut danser avec personne. — «Et pourquoi cela, s'il vous plaît ?— La dispute s'animait, quand le vieux Monsieur vint y prendre part. — «Monsieur, me dit-il, mademoiselle m'avait été confiée par ses parens ; elle ne pouvait accepter qu'un seul cavalier, mon neveu... mais vous avez raison, elle ne dansera, ni avec vous, ni avec personne.» — A ces mots, il l'emmena ; son neveu forcé de le suivre, partit en me serrant la main, avec une intention que je compris. Le lendemain nous nous rencontrâmes sur le pré, gaillardement munis d'épées et de pistolets ; nous étions prêts à nous couper la gorge ; mais d'une voix unanime, nos témoins déclarèrent qu'il n'y avait matière, dans tout cela, qu'à un déjeuner, arrosé de vin du Rhin... leur conseil fut exactement suivi. Voilà le récit de ma première affaire.

M. DE VARNA.

Plût à Dieu qu'il n'y en eût jamais de plus sanglantes !.. Ainsi M. Miller était était votre adversaire ?..

LÉOPOLD.

Oui, Monsieur ; mais ce n'était pas ainsi qu'on l'appelait... on l'appelait... attendez... Stop... Stopfell... Charles Stopfell !..

M. DE VARNA.

Charles Stopfell !..

LÉOPOLD.

C'est bien ce nom-là.

M. DE VARNA.

Stopffell !.. Et dites-moi : vous apprit-il ce qu'il était, de quel pays... de quelle famille ?..

LÉOPOLD.

Il quitta Steinbach peu de temps après cette petite aventure ; je ne l'ai pas revu... Son oncle s'appelait M. Wolf, et n'habitait Steinbach en qualité de ministre que depuis une vingtaine d'années... je crois qu'il était de Ratisbonne.

M. DE VARNA, à part.

Ah ! c'est bien lui !..

NINETTE.

Mon père, qu'avez-vous donc ?.. Est-ce que cette nouvelle ?..

M. DE VARNA.

Elle me touche infiniment.

M<sup>me</sup> FABRICIUS.

Je me mets à votre place. Il est assurément fort cruel d'apprendre qu'une personne, à qui l'on accordait toute sa confiance, vous a indignement trompé...

M. DE VARNA.

Madame, ne jugeons pas avant d'avoir entendu.

M. FABRICIUS.

Sans doute. Les intentions de ce jeune homme...

M<sup>me</sup> FABRICIUS.

Ne sauraient être louables... prendre un faux nom !..

LÉOPOLD.

J'assure que c'est un honnête homme ; je serais désespéré de lui avoir fait tort dans votre esprit.

M. DE VARNA.

Frank... (Le domestique paraît.) Dites à mon

---

* Prononcez : Steinneback.

secrétaire que je voudrais lui parler... il n'est pas
sorti ?..

LE DOMESTIQUE.

Non, Monsieur; lui-même désirait avoir un
entretien avec vous... il m'avait chargé de vous
le dire.

NINETTE.

Il semble aller au-devant d'une explication...
il n'a donc rien à se reprocher ?..

M^me FABRICIUS.

Nous vous laissons.

M. FABRICIUS.

Ferons-nous retarder le dîner ?

M. DE VARNA.

C'est inutile.

NINETTE, refusant la main de Léopold.

Je vous remercie, Monsieur ; j'aurai l'honneur
de vous rejoindre.

(Elle rentre chez elle, M. M^me Fabricius et Léopold
sortent par le fond.)

## SCÈNE IX.

### M. DE VARNA, seul.

Stopfell !.. Charles Stopfell !.. hasard, voilà
de tes coups !.. Ah ! si c'est son fils ; je remercie
le ciel ; je trouverai quelque réparation, j'imagi-
nerai quelque moyen d'apaiser le remords qui
me poursuit depuis vingt ans !.. le voici... je ne
sais que lui dire... et cependant, puisqu'il est entré chez moi, puisqu'il a consenti à me donner
la main, c'est qu'il ignore sans doute quel
compte terrible il est en droit de me demander !..

## SCÈNE X.

### M. DE VARNA, CHARLES.

M. DE VARNA.

Vous vouliez me parler, M. Miller ; quelles
nouvelles m'apportez-vous ?

CHARLES.

Une , assurément fort triste pour moi, monsieur : des raisons puissantes m'obligent à quitter
cette ville ; je viens vous offrir l'expression de
ma reconnaissance et de mes regrets.

M. DE VARNA.

Avez-vous à vous plaindre de quelqu'un ici ?
J'ose espérer que ce n'est pas de moi. Si une
plus longue intimité me donnait le droit d'em-
ployer cette expression, je dirais presque, que
je vous ai traité comme un fils.

CHARLES.

Ah ! monsieur, vous n'avez pas eu affaire à un
ingrat !.. si j'en étais encore à apprécier votre
bonté, j'en reçois en ce moment une preuve si
éclatante...

M. DE VARNA.

Que voulez-vous dire ?

CHARLES.

Que vous avez bien des reproches à me faire
et que vous ne me les faites pas.

M. DE VARNA.

Quels reproches, M. Miller ?

CHARLES.

Ah ! ne me donnez plus un nom que je ne puis
entendre sortir de votre bouche sans éprouver
une sorte de confusion. Ce nom n'est pas le mien,
et vous le savez...

M. DE VARNA.

Qui a pu vous dire ?..

CHARLES.

Tout à l'heure, madame Fabricius m'a salué
du nom de Stopfell, et son neveu qui m'a reconnu...

M. DE VARNA.

Le dessein où vous êtes de me quitter est probablement fondé sur des raisons plus graves. Cet in-
cident n'a point altéré la confiance que vous
m'inspiriez, et...

CHARLES.

Et c'est pour justifier cette confiance, que je
dois m'expliquer. Mon nom est Charles Stopfell.
Quand je suis arrivé dans cette ville, je venais
de Steinbach et non d'Iéna. Les mêmes motifs
qui m'ont fait changer mon nom, me forçaient
à cacher ma patrie. Dans ce que je vous ai dit
de mon histoire, une seule chose est vraie : c'est
que je suis orphelin dès ma première enfance. On
me disait que le chagrin de la mort de ma mère
avait conduit mon père au tombeau... rien de
plus. Le parent qui m'a élevé, mon oncle ma-
ternel, le ministre de Steinbach, m'avait inter-
dit toute question sur ce douloureux sujet. « Ton
père a laissé des ouvrages, me disait-il, tu les
liras un jour. Ses écrits te le feront connaître
mieux que toutes mes paroles. » Avec quelle
joie je vis arriver l'âge où cette promesse put se
réaliser !.. Les écrits de mon père ne sont pas
connus du monde et n'étaient pas destinés à voir
le jour. Ce sont des traités de philosophie et de
morale composés pour ses amis et pour ses élèves..
Je ne chercherai pas à vous peindre ce que j'é-
prouvai en les lisant ; l'éloge serait suspect dans
ma bouche ! mais enfin cette lecture fit naître
en moi un homme que je ne soupçonnais pas !
Oui, s'il y a dans mon esprit quelques idées
droites, dans mon cœur, quelques penchans no-
bles, c'est à mon père que je les dois : cela vous
expliquera l'amour exalté que j'ai pour lui, sans
que je l'aie connu, et tout ce que je suis capable
de faire pour venger sa mort, car il faut que je
la venge, monsieur ; sa mort a été un assassinat !

M. DE VARNA.

Et comment l'avez-vous su ?..

CHARLES.

M. de Blumenthal vous a parlé sans doute de
la rencontre que nous avons eue ensemble et
des causes qui l'avaient amenée. La prudence
des témoins arrangea tout. Mais j'étais allé sur
le terrain pour me battre, et j'avais écrit à mon
oncle une lettre qui devait lui être remise dans
le cas où je ne reviendrais pas. Je revins ; mais
par une méprise fatale, la lettre était déjà dans
ses mains !..

M. DE VARNA.

Le malheureux !..

CHARLES.

Oui, bien malheureux !.. et je ne puis songer
sans émotion à l'accueil qu'il me fit. « Ah ! me
disait-il, en pleurant et en m'embrassant, j'ai cru
que Dieu t'avait fait la même destinée qu'à ton
père, et que tu étais mort comme lui ! » J'atten

dis qu'il se fût calmé ; mais je n'avais pas perdu les paroles échappées à son premier trouble, et je lui en demandai l'explication. Il hésita pendant quelque temps... puis, enfin : « Hé bien ! oui, c'est un duel qui m'a ravi ton père, un duel où sa cause était juste, j'en prends Dieu à témoin ! que son exemple te profite ! Toi aussi, tu trouverais quelque spadassin infâme qui te tuerait comme on l'a tué !

**M. DE VARNA.**

Un spadassin !..

**CHARLES.**

Alors, il me raconta en peu de mots que dans un voyage qu'il avait fait à Vienne, mon père avait rencontré dans une taverne un homme qui lui avait cherché querelle et l'avait tué !.. le 7 juin 1819... la date est là...

**M. DE VARNA, à part.**

Et là...

**CHARLES, après un silence.**

La première chose que je demandai, fut le nom de ce misérable... ah ! la vengeance de mon père était dans ma question !.. Mais jugez de mon malheur : ce nom, mon oncle l'ignore, et par des motifs puisés sans doute dans les obligations de son ministère, il n'a jamais rien fait pour le découvrir. Cette révélation, tout incomplète qu'elle fût, donna cependant un but à ma vie. Je n'eus plus qu'une idée... elle me poursuivait jour et nuit... Trouver celui qui avait tué mon père et le tuer à mon tour !.. Ne me dites pas qu'il peut être mort... il vit... Dieu l'a laissé vivre, et en tous cas, je me battrais avec son fils !.. Je cédai enfin à la pensée qui m'obsédait. Je pris le prétexte de voyager, de connaître le monde, et je résolus d'aller à Vienne pour y rassembler tous les renseignemens, pour y fouiller tous les souvenirs, pour demander, s'il le fallait, à la tombe de mon père, le secret que mon oncle n'a pas voulu chercher !

**M. DE VARNA.**

Vous avez donc quelqu'espoir ?

**CHARLES.**

Je sais le nom de la taverne où le duel a eu lieu... j'ai une date... un domestique qui a toujours suivi mon père, m'a donné quelques autres détails... et puis, je me fie à la justice de Dieu ! Je partis, malgré mon oncle. En sortant de Steinbach, mon premier soin fut de changer de nom... Comment entreprendre mes recherches avec quelqu'espérance de succès, si je conservais le nom de Stopfell, le nom de mon père !.. la première condition pour obtenir quelques renseignemens sur cette catastrophe, c'était qu'on m'y crût étranger... Admettez que celui qui a tué mon père entende prononcer mon nom ; s'il est puissant, il trouvera quelque moyen de me faire disparaître ! s'il ne l'est pas, il se cachera sans doute, il cherchera à m'échapper. Voilà pourquoi j'ai pris le nom de Miller. Vous savez maintenant un secret qui a été vingt fois sur mes lèvres. Je ne vous l'ai pas dit, parce qu'on a toujours mauvaise grâce à parler de ses malheurs. Ai-je perdu mes droits à votre estime ?

**M. DE VARNA.**

Ah ! jamais ! jamais !.. Pauvre enfant ! que je vous plains !.. Quel projet avez-vous conçu !

**CHARLES.**

Vous me blâmez sans doute d'être resté si longtemps à l'accomplir... Je ne devais passer qu'un jour à Stuttgard ; si j'y suis resté quatre mois, c'est que... c'est que... Enfin je partirai demain pour Vienne.

**M. DE VARNA.**

Dans quelle étrange entreprise vous allez vous jeter !.. Vous voulez venger votre père : cela est d'un bon fils, sans doute... mais d'abord, êtes-vous bien sûr que sa mort fut un crime ?.. Je ne prétends pas vous offenser dans le juste sentiment de respect que vous avez pour sa mémoire ; mais enfin, d'après ce que vous m'avez dit, vous ignorez toutes les circonstances de ce duel. Si c'était lui qui eût provoqué son adversaire ?

**CHARLES.**

Mon père ! un homme de mœurs si calmes ! la simplicité d'un homme de génie et la douceur d'un enfant !.. d'ailleurs, mon oncle ne m'a-t-il pas dit que sa cause était juste ?.. n'en a-t-il pas pris Dieu à témoin ?.. Si vous connaissiez mon oncle, si vous l'aviez vu une seule fois, vous ne supposeriez pas qu'il ait pu me tromper.

**M. DE VARNA.**

Eh bien ! retournez près de lui... soumettez-lui votre projet.

**CHARLES.**

Il ne l'approuverait pas.

**M. DE VARNA.**

Par esprit de justice.

**CHARLES.**

Non ! par crainte pour mes jours.

**M. DE VARNA.**

Allez, celui qui a tué votre père est peut-être plus à plaindre que vous !

**CHARLES.**

Ne jugez pas son âme d'après la vôtre.

**M. DE VARNA.**

Votre résolution est donc irrévocable ?

**CHARLES.**

Tout-à-fait !

**M. DE VARNA.**

Et d'où vient que le dessein de l'exécuter vous est venu aujourd'hui, plutôt qu'hier ou qu'un autre jour ?.. Vous ne paraissiez pas songer à ce départ.

**CHARLES.**

Et j'en rougis !.. n'exigez pas que je m'explique davantage.

**M. DE VARNA.**

Mais si vos recherches sont inutiles ?

**CHARLES.**

Elles ne le seront pas.

**M. DE VARNA.**

Elles peuvent l'être. Vous n'oublierez pas que vous avez en moi un ami... vous reviendrez !

**CHARLES.**

Je ne puis vous le promettre.

**M. DE VARNA.**

Vous n'avez donc aucune affection pour moi ?
(Charles se jette sur une de ses mains qu'il baise en pleurant. Il sort.)

## SCÈNE XI.

### M. DE VARNA, seul,

Que voulait-il dire?.. quel est ce nouveau secret qui a failli s'échapper avec ses sanglots !..
Ah ! ciel ! si ses recherches avaient un résul-
tat... s'il découvrait... hélas ! que faire ?.. comment le retenir ?.. quelle réparation sera jamais
à la hauteur du tort que je lui ai fait?

(M. et M<sup>me</sup> Fabricius entrent par le fond.)

## SCÈNE XII.

### M. DE VARNA, M. ET M<sup>me</sup> FABRICIUS.*

#### M. FABRICIUS.

Eh bien ! le dîner est prêt. Vas-tu venir ?..

#### M<sup>me</sup> FABRICIUS.

Eh bien ! vous avez vu votre secrétaire ? C'est
un homme dont il fallait se méfier, n'est-ce pas ?

#### M. DE VARNA.

Ne dites jamais cela, Madame ! c'est le cœur
le plus généreux, le plus noble !

#### M<sup>me</sup> FABRICIUS.

Il s'est justifié d'avoir changé de nom ?..

#### M. DE VARNA.

Oui, Madame !

#### M<sup>me</sup> FABRICIUS.

Et par quelles raisons ?..

#### M. DE VARNA.

Elles doivent rester secrètes.

#### M<sup>me</sup> FABRICIUS.

Puisqu'il était en veine de justification, vous

* M<sup>me</sup> Fabricius, M. Fabricius, M. de Varna.

auriez bien dû lui demander, d'où vient qu'il ose
aimer votre fille?

#### M. DE VARNA.

Que dites-vous là ! Madame, M. Miller aime
ma fille !..

#### M<sup>me</sup> FABRICIUS.

Avec fureur !.. et je vous en réponds, je m'y
connais.

#### M. DE VARNA.

Vous êtes sûre de ce que vous dites ?

#### M<sup>me</sup> FABRICIUS.

Demandez plutôt à M. Fabricius.

#### M. FABRICIUS.

En effet, quand je lui ai parlé du mariage de
Ninette avec mon neveu, j'ai cru voir à son
trouble...

#### M. DE VARNA.*

Il aime Ninette, et sans doute, Ninette l'aime
aussi?.. Ah! Madame!.. ma chère Dame !.. Fabricius... mon excellent ami... ah! vous ne savez
pas... vous ne pouvez savoir... mais c'est un
coup du ciel, et grâce à Dieu, tout peut se réparer !                          (Il sort éperdu.)

#### M. FABRICIUS.

Il me paraît que ta révélation n'a pas précisé-
ment produit l'effet que tu en attendais.

#### M<sup>me</sup> FABRICIUS.

M. Fabricius...

#### M. FABRICIUS.

Eh bien ! quoi? vas-tu avoir aussi des étouffe-
mens ?

#### M<sup>me</sup> FABRICIUS.

Il n'y a pas un moment à perdre ; suivons-le ;
sachons s'il veut tenir ou retirer sa parole.

* M<sup>me</sup> Fabricius, M. de Varna, M. Fabricius.

FIN DU PREMIER ACTE.

# ACTE II.

## SCÈNE I.

### NINETTE, seule.

Personne... Ah!.. respirons!.. j'ai besoin d'un
peu de solitude... (Elle se jette dans un fauteuil.)
Mon bon père!.. ah! comme je suis contente de
lui! «M. Stopfell, a-t-il répété plusieurs fois,
avait des raisons excellentes pour cacher son
nom... » Je ne souffrirai pas qu'on attaque devant moi ses intentions, ni sa probité... Ce n'est
rien encore ; après le dîner, il m'a prise un moment à l'écart, et... Oh! mon Dieu, je n'ose
chercher à deviner le sens de l'entretien que j'ai
eu avec lui... «Mon enfant, voilà Léopold de
retour. — Oui, mon père ; le voilà de retour,
ai-je répondu d'un air bien indifférent. — Tu n'i-
gnores pas les projets que son oncle et moi nous
avions formés depuis long-temps ; Léopold est un
ami d'enfance... —Je ne sais ce que vous voulez
dire !.. mais je ne veux pas me marier ! — Avec
lui, mais avec un autre ? » A cette question, j'ai
senti que je devenais rouge !.. Allons! un peu de
confiance ! « Quelqu'un t'a-t-il dit qu'il t'aimait ?

— Par exemple, je ne l'aurais pas souffert, et lui
ne l'aurait pas osé. — Lui! de qui parles-tu
donc ? — Vous ne pouvez blâmer mon choix...
Je parle d'un homme dont vous ne souffrirez jamais qu'on attaque les intentions ni la probité. »
Alors il m'a embrassée avec effusion. « Ne t'in-
quiète pas de son absence! il voulait partir...
(Elle se lève.) mais j'espère que je le retiendrai.
—Je le retiendrai!.. je le retiendrai !.. Est-ce
une parole claire ? car, enfin, je lui ai avoué que
je l'aimais ! Mais pourquoi voulait-il partir?.. »
Sur ce chapitre-là mon père a été impénétrable...
Ah! mon Dieu! cette jeune fille de Steinbach qui
ne pouvait danser qu'avec lui... s'il l'avait aimée
autrefois... si d'anciens engagemens le rappe-
laient près d'elle!.. Voilà un soupçon qui trouble
toute ma joie... Au fait! M. Charles ne m'a jamais
dit : Je vous aime... Il est vrai que ces choses-là
n'ont pas besoin d'être dites!.. A qui parler de
mes craintes, et qui serait à même de les dissiper?.. Léopold!.. c'est lui qui a fait le mal :
peut-être il en apporte le remède.

## SCÈNE II.

### NINETTE, LÉOPOLD.

LÉOPOLD.

Vous sortez encore, mademoiselle? quelle obstination mettez-vous à me fuir?

NINETTE.

Moi? monsieur...

LÉOPOLD.

Nous étions au jardin... vous vous êtes échappée... je suis rentré au salon, j'ai vu un pan de votre robe qui disparaissait... En ce moment même... est-ce là l'accueil que vous réserviez à un ami d'enfance?..

NINETTE.

Ce n'est pas ma faute si le temps a fait de vous un homme... et de moi une jeune fille... tout est changé!..

LÉOPOLD.

Tant pis pour moi! je perds beaucoup au changement!.. j'y aurais gagné, si vous aviez voulu... et que vous avez tort de ne pas vouloir!.. nous autres militaires, nous faisons d'excellens maris... l'habitude de la discipline...

NINETTE.

C'est quelque chose!.. mais, si j'en crois ce qu'on m'a dit, que de défauts...

LÉOPOLD.

Citez-en un seul!

NINETTE.

Un qui en vaut cent... l'inconstance! et, il est à craindre, dans la carrière que vous suivez...

LÉOPOLD.

Vraiment!..

NINETTE.

Mon Dieu, oui... le prestige qui s'attache au courage... à l'uniforme... c'est par là que les femmes se prennent...

LÉOPOLD.

Vous croyez!..

NINETTE.

En ce qui vous regarde, par exemple, le passé serait un mauvais garant de l'avenir...

LÉOPOLD.

Comment cela?

NINETTE.

Je ne vous demande pas votre confession générale... mais quand il vous échappe un aveu, je puis bien en faire mon profit...

LÉOPOLD.

J'ai fait un aveu, moi!

NINETTE.

Ce matin même...

LÉOPOLD.

Veuillez me rappeler...

NINETTE.

Cette belle valseuse, pour l'amour de laquelle vous avez failli vous battre avec M. Miller...

LÉOPOLD.

Marguerite!

NINETTE.

Ah! vous savez son petit nom...

LÉOPOLD.

Vous êtes donc jalouse!

NINETTE.

Jalouse!.. hélas! j'en ai peur...

LÉOPOLD.

Je vois que, devant vous, il faudra prendre garde à mes paroles...

NINETTE.

Allons! elle vous aimait... avouez-le franchement...

LÉOPOLD.

Puisque vous faites un appel à ma franchise... je ne puis jurer qu'elle ne songeait pas à moi,... mais, moi, je ne songeais pas à elle...

NINETTE.

Elle vous avait distingué... vous en avez des preuves...

LÉOPOLD.

Aucune!.. Je dis cela parce que... mais, comment me serais-je occupé de lui faire la cour... elle était gardée à vue... et, de plus...

NINETTE.

De plus...

LÉOPOLD.

Elle était fiancée...

NINETTE.

A M. Miller!..

LÉOPOLD.

Du tout!.. à un M. de Valdeck qui étudiait encore à l'université d'Iéna... on l'attendait, quand je suis parti...

NINETTE.

Mais à quel titre M. Miller était-il exclusivement son cavalier?

LÉOPOLD.

A titre d'ami de la famille... de camarade du fiancé... un cavalier sans conséquence... tandis que moi...

NINETTE.

Je respire...

LÉOPOLD.

Vous trouvez donc que je me suis justifié?

NINETTE.

Parfaitement... parfaitement...

LÉOPOLD.

Maintenant me permettrez-vous de vous dire...

NINETTE.

Rien... rien de plus... laissez-moi sur l'impression de vos dernières paroles... vous ne savez pas avec quel plaisir je les ai entendues...

LÉOPOLD.

Je crois que je m'en doute...

NINETTE.

Non, non, vous ne vous en doutez pas... On vient... laissez-moi!.. on remarquerait mon trouble...

LÉOPOLD.

Charmante!

NINETTE.

Ah! que je suis heureuse...

(Elle s'enfuit.)

## SCÈNE III.

### LÉOPOLD, M. et M<sup>me</sup> FABRICIUS. *

M<sup>me</sup> FABRICIUS.

Tout va mal! Monsieur, tout va mal! M. de Varna est troublé en notre présence... il feint de ne pas comprendre les fréquentes allusions que je fais à nos projets de mariage... il prépare

* Léopold, M<sup>me</sup> Fabricius, M. Fabricius.

quelque insigne trahison ! — Ah ! c'est toi,
Léopold !

LÉOPOLD.

Vous semblez préoccupée, belle tante ?

M^{me} FABRICIUS.

De tes affaires...

LÉOPOLD.

Elles vont à merveille !.. ne m'avez-vous pas
écrit que M. de Varna avait accueilli favorable-
ment ma demande ?

M^{me} FABRICIUS.

A condition que tu plairais à sa fille...

LÉOPOLD.

Rassurez-vous donc ! elle vient de me faire une
charmante scène de jalousie...

M^{me} FABRICIUS.

Une scène de jalousie, Ninette !

LÉOPOLD.

Vous concevez qu'on n'est pas jaloux des personnes qui vous sont indifférentes... par consé-
quent...

M^{me} FABRICIUS.

Je crains que tu ne te flattes... et que les évé-
nemens...

LÉOPOLD.

Il est temps de faire cesser votre incerti-
tude... voici M. de Varna. Je vais lui parler
de manière à nécessiter une explication défini-
tive...

M^{me} FABRICIUS.

A merveille !.. vous, Monsieur, imitez-moi !..
et quoi qu'il arrive, n'ayez pas l'air de supposer
qu'il puisse retirer sa parole...

## SCÈNE IV.

LES MÊMES, M. DE VARNA.

LÉOPOLD.

Monsieur, il y a deux mois, mon oncle a bien
voulu vous faire en mon nom une demande au
succès de laquelle le bonheur de toute ma vie
est intéressé... votre réponse, sans être tout-à-
fait décisive, a encouragé mes espérances... Je
viens vous supplier d'examiner de nouveau les
titres que je puis avoir à l'honneur d'entrer dans
votre famille... je n'aurais pas voulu laisser finir
cette journée sans que mon destin fût fixé.

(Il sort.)

## SCÈNE V.

M. DE VARNA, M. et M^{me} FABRICIUS.*

M. DE VARNA.

C'est de cela que je venais te parler, Fabricius !..

M^{me} FABRICIUS, s'asseyant.

Mon cher Président, vous voilà mis en demeure de vous expliquer... l'alliance, dont il
s'agit, est à peu près arrangée depuis long-
temps ; nous n'aurons donc pas de peine à nous
entendre...

M. DE VARNA, à Fabricius bas.

Mais c'est à toi seul que je veux parler...

M. FABRICIUS.

A moi seul !

* M^{me} Fabricius, M. de Varna, M. Fabricius.

M. DE VARNA.

Congédie ta femme !

M. FABRICIUS.

Tu te moques !

M. DE VARNA.

Je vais essayer... (Haut.) Ma chère dame, il
me semble que Léopold vient de descendre au
jardin... Ninette y est aussi !.. ne trouvez-vous
pas convenable que leur entretien ait un témoin ?

M^{me} FABRICIUS.

Bon !.. à la veille de les marier !.. ma présence
est plus nécessaire ici...

M. DE VARNA, à Fabricius.

A ton tour !.. ou bien je vous laisse...

M. FABRICIUS.

Ma chère amie...

M^{me} FABRICIUS.*

Quoi ?

M. FABRICIUS.

C'est que Varna voudrait...

M^{me} FABRICIUS.

Avouer devant vous seul qu'il est décidé à
retirer sa parole. C'est un plaisir que je ne veux
pas lui donner... je veux le voir rougir...

M. FABRICIUS.

C'est que si tu ne pars pas.... c'est lui
qui te cédera la place... et tiens, le voilà près
de sortir....

M^{me} FABRICIUS, se levant et passant entre eux.

Allons, messieurs... il faut vous laisser ensemble... Je croyais qu'ayant servi de mère au fu-
tur, j'avais le droit d'assister à cette grave confé-
rence... il paraît que je me suis trompée... Je sors
sans inquiétude... j'ai toute confiance (A son
mari.) dans votre fermeté, tant de fois éprou-
vée !.. (A M. de Varna.) et dans votre fidélité bien
connue à tenir vos engagemens...      (Elle sort.)

## SCÈNE VI.

M. FABRICIUS, M. DE VARNA.

M. FABRICIUS.

Ce n'est pas sans peine...

M. DE VARNA.

Et tu ne te lasseras pas de voir ainsi ta dignité
compromise devant moi, devant ma fille, devant
tout le monde...

M. FABRICIUS.

Mon cher, il y a quinze ans que le pli est pris...
Fais décréter une loi sur le divorce... et je re-
trouverai peut-être quelque énergie.. Jusque-
là...

M. DE VARNA.

Toi, que j'ai connu si impétueux, si vif... l'un
des plus mauvais sujets de l'Allemagne !

M. FABRICIUS.

C'est comme ma femme. Avant notre mariage, un ange ! tu vois ce qu'elle est devenue...
Je t'avouerai franchement que, dans les com-
mencemens de la métamorphose, j'eus quelque
peine à m'y faire... mais c'étaient tous les jours
des menaces, des emportemens, des querelles !..
mon ménage devenait un enfer... il fallait le fuir
ou me soumettre... Depuis que je me suis rési-

* M^{me} Fabricius, M. Fabricius, M. de Varna.

gé à prendre le second parti, je jouis de quelque tranquillité...

M. DE VARNA.

Mais par quels sacrifices tu l'as achetée !..

M. FABRICIUS.

Quand une chose vous plaît, il ne faut pas regarder à la dépense...

M. DE VARNA.

Mon pauvre ami... c'est pour tes péchés que tu es devenu le mari de ta femme... M<sup>me</sup> Fabricius venge toutes celles que tu as trahies : ton mariage est un châtiment providentiel.

M. FABRICIUS.

Ah ! tu as peut-être raison !.. mais voyons !.. Est-ce pour me parler de ma femme que tu m'as demandé un tête-à-tête ?.. Merci de l'intention !.. j'aimerais presque autant aller la retrouver...

M. DE VARNA.

Je l'attaque, et j'ai tort... elle m'a mis aujourd'hui sur la trace d'une découverte bien heureuse pour moi...

M. FABRICIUS.

Quelle découverte ?

M. DE VARNA.

Je te la dirai tout à l'heure... avant, il faut parler du mariage de ton neveu et de ma fille...

M. FABRICIUS.

D'après ce que tu nous a promis, nous le regardons comme à peu près fait...

M. DE VARNA.

Je n'ai pas promis de faire violence à l'inclination de ma fille...

M. FABRICIUS.

Qui parle de lui faire violence ?.. est-ce qu'elle hait Léopold ?

M. DE VARNA.

Non ! mais elle en aime un autre !.. vous aviez bien vu tous les deux. M. Miller...

M. FABRICIUS.

Et tu approuves cet amour ?

M. DE VARNA.

Je dois l'approuver.

M. FABRICIUS.

C'est donc ton secrétaire qui va devenir ton gendre ? Le choix est singulier ; mais je n'ai rien à dire... tu es le maître de ta fille.

M. DE VARNA.

Je vais t'expliquer...

M. FABRICIUS.

Ta résolution m'afflige, je ne le cacherai pas. Que Ninette épouse Léopold ou M. Miller, ce n'est pas là ce qui me touche... mais M<sup>me</sup> Fabricius comptait sur ce mariage. Sur qui sa colère va-t-elle retomber ? Sur moi ! il ne fallait pas nous donner ta parole...

M. DE VARNA.

Mais, ce matin encore, j'étais disposé à la tenir...

M. FABRICIUS.

Qui a causé ce revirement subit ?

M. DE VARNA.

Un souvenir de jeunesse.

M. FABRICIUS.

Ah ! ah !

M. DE VARNA.

Ce n'est pas ce que tu sembles croire... Écoute : Il y a vingt ans, j'étais au moment de quitter Vienne, j'avais réuni quelques amis dans la taverne du grand-amiral ; l'hôte n'avait pu nous donner une salle particulière. Un homme, jeune encore, mais dont le visage était déjà flétri par l'étude ou par le chagrin, entra et vint s'asseoir à la table la plus rapprochée de la nôtre... Cet homme, je ne l'avais jamais vu, j'en suis sûr, et je l'examinais pourtant avec je ne sais quel intérêt inexplicable pour moi-même, quand un de mes amis prononça mon nom... A ce nom, il se leva vivement... « Qui a prononcé le nom de Varna ? quel est celui de vous qui le porte ? » C'est moi ! lui répondis-je en me levant à mon tour.—Varna ? capitaine, en 1815, dans un des régimens de la Landwer ? — Lui-même ; qu'avez-vous à lui dire ?—J'ai à lui dire, continua-t-il en s'avançant vers moi, qu'il est un misérable et un lâche... Tu juges du bruit qui s'éleva à cette agression étrange...—Monsieur, il y a ici quelque méprise !.. je ne vous connais pas...—Et tu ne peux pas me connaître... mais ceci te prouvera que je suis venu te provoquer pour un duel à mort... Alors... oh ! je ne puis dire cela qu'à toi seul, et parce que j'y suis forcé pour t'expliquer ma conduite. — Alors, il me fit la plus cruelle de toutes les injures... une injure qui n'admet ni explications, ni réparations, ni excuses... il me donna un soufflet...

M. FABRICIUS.

Un soufflet !

M. DE VARNA.

Une heure après, nous nous battîmes...

M. FABRICIUS.

Et...

M. DE VARNA.

Et je le tuai...

M. FABRICIUS.

Ma foi ! il le méritait bien !

M. DE VARNA.

Non ! Fabricius... non ! il ne le méritait pas... Il y avait dans son action un mystère que je n'ai pu connaître, et tout me dit que l'infortuné croyait remplir un devoir en me venant insulter.

M. FABRICIUS.

Mais ses témoins...

M. DE VARNA.

Il en eut un seul qui semblait aussi animé que lui-même, et refusa obstinément de nous donner la moindre explication... Il suivit avec une anxiété inexprimable les chances de ce malheureux combat. Quand mon adversaire fut frappé, il courut à lui, le reçut dans ses bras, et lui dit quelques mots que nous ne pûmes entendre ; puis, s'adressant à moi : « Monsieur de Varna, je ne puis »prendre la place de votre victime... Je laisse à »Dieu le soin de nous venger. »

M. FABRICIUS.

J'y suis... Tu publias à cette époque plusieurs articles contre les sociétés secrètes ; je me rappelle même qu'ils étaient signés ainsi : « Un ancien capitaine de la Landwer. » La jeune Allemagne t'avait envoyé quelque fanatique qui recula devant l'assassinat, ou qui se confiait trop dans son adresse...

M. DE VARNA.

Nous nous arrêtâmes d'abord à cette idée ; mais je pris des informations, comme tu le penses. Ma victime était un professeur de philosophie, établi à Ratisbonne... aimé de tous, pour

la douceur de son caractère, il avait su se con-
cilier le suffrage de toutes les opinions... Le
meilleur des hommes, Fabricius !.. sa patrie en-
tière l'a pleuré...

M. FABRICIUS.

Et comment s'appelait-il ?

M. DE VARNA.

Frédéric Stopfell !

M. FABRICIUS.

Le père...

M. DE VARNA.

De mon secrétaire, oui, de ce bon et loyal
jeune homme... Sais-tu pourquoi il avait changé
de nom ?.. Il me l'a dit ce matin : c'est qu'il
cherche celui qui a tué son père, et qu'il veut
le tuer à son tour...

M. FABRICIUS.

Comment ignore-t-il que c'est toi ?

M. DE VARNA.

Il l'ignore... et, grâce au ciel, dans sa famille
même on ne l'a jamais su. On y est persuadé que
le malheureux Stopfell est tombé sous les coups
d'un spadassin... Ah ! que j'ai souffert durant
ce fatal entretien... Aussi troublé qu'un coupable devant son juge, je me cachais le visage
comme s'il eût pu me reconnaître... Ce n'était
que le fils, et il me semblait que je me retrouvais
en face du père. Il fixait encore sur moi ce re-
gard éteint, mais menaçant, où sa haine luttait
avec l'agonie... Il voulait proférer une dernière
injure... mais sa voix se perdait dans un flot de
sang...

M. FABRICIUS.

Tu es innocent de cette catastrophe...

M. DE VARNA.

N'est-ce pas ? n'est-ce pas que j'en suis innocent ? Hélas ! je ne pouvais me conduire autre-
ment, il fallait me battre !.. Ce n'en est pas
moins un cruel poids sur la conscience, que la
mort d'un honnête homme et le malheur d'une
famille !.. Fabricius, ce souvenir a empoisonné
toute ma vie ! Avec quel scrupule je l'ai interrogée
pour y trouver l'explication de ce mystère san-
glant !.. mais rien !.. rien !.. Devant Dieu, sur la
tête de ma fille, je n'ai rien à me reprocher
envers personne... J'ai toujours tâché de vivre
comme un homme de bien !..

M. FABRICIUS.

Qui en doute ?.. Et, maintenant, je vois ce
que tu veux faire !.. donner ta fille à ce jeune
homme...

M. DE VARNA.

Oui ! pour apaiser le cri de ma conscience,
pour avoir des nuits tranquilles... pour réparer
le mal que je lui ai fait...

M. FABRICIUS.

Le mal fut involontaire !

M. DE VARNA.

Mais immense !.. Orphelin dès sa première
enfance !.. Y a-t-il un malheur plus grand ?
Voyons ! la main sur la conscience, je lui dois
une réparation, n'est-ce pas ? Je lui ai ravi son
père, c'était ce qu'il avait de plus précieux au
monde !.. Eh bien ! je lui donne ce que j'ai de
plus cher, ma fille... Je n'ai pas de meilleur
moyen de m'acquitter...

M. FABRICIUS.

Sait-il déjà le bonheur qui l'attend ?

M. DE VARNA.

J'ai compté sur toi pour le lui apprendre !

M. FABRICIUS.

Sur moi !

M. DE VARNA.

Tu ne me refuseras pas ce service ?

M. FABRICIUS.

J'en aurais du regret... mais...

M. DE VARNA.

Enfin, je ne puis lui offrir ma fille...

M. FABRICIUS.

Mais que lui dire ?

M. DE VARNA.

Dis-lui de me la demander !

M. FABRICIUS.

Eh bien ! nous verrons... rien ne presse...

M. DE VARNA.

Au contraire, rien n'est plus pressé... Il veut
partir pour Vienne... demain... ce soir, peut-
être... Il faut lui parler tout de suite...

M. FABRICIUS.

Décidément, charge une autre personne de
cette mission...

M. DE VARNA.

Quoi ! la crainte de ta femme agit à ce point
sur ton esprit !

M. FABRICIUS.

Ce n'est pas elle que je crains...

M. DE VARNA.

Qu'est-ce donc ?

M. FABRICIUS.

Je crains le bruit...

M. DE VARNA.

Je m'engage à trouver pour Léopold une riche
héritière... tu le lui diras, et si elle fait du bruit,
fais en plus qu'elle !.. allons ! que diable !.. il
s'agit de faire trois heureux... une bonne résolution !.. du caractère !..

M. FABRICIUS.

Au fait, tu as raison !.. où est ton jeune
homme ?

M. DE VARNA.

Le voilà qui descend !

M. FABRICIUS.

Tu nous laisses !..

M. DE VARNA.

Je vais l'attendre dans le jardin !.. merci, Fabricius... à bientôt !                    (Il sort.)

## SCÈNE VII.
### M. FABRICIUS, CHARLES.

M. FABRICIUS, seul.

Il parle de tout cela bien à son aise... parce
qu'il a eu le bonheur de devenir veuf après
quatre ans de mariage !.. je remarque une chose :
c'est que je suis aujourd'hui l'ambassadeur de
tout le monde...

CHARLES, entrant.*

Je croyais trouver ici M. de Varna !

M. FABRICIUS.

Il vient de passer dans le jardin... mais restez
donc ; j'ai un mot à vous dire... que m'a-t-il appris ? que vous nous quittez...

CHARLES.

Je le cherchais pour lui rendre mes comptes...

*Charles, M. Fabricius.

M. FABRICIUS.

Malgré tout ce qu'il a fait pour vous retenir...

CHARLES.

Je n'aurais pas résisté à ses prières si l'intérêt le plus sacré ne m'appelait à Vienne...

M. FABRICIUS.

Il faut absolument que vous partiez?

CHARLES.

Absolument.

M. FABRICIUS.

Cela vous est venu bien vite!.. quoiqu'il en soit, voilà une mauvaise journée pour moi!.. c'est le second malheur qui m'arrive!..

CHARLES.

Vous êtes trop bon!.. quel est le premier?

M. FABRICIUS.

Quelque chose qui ne vous intéresse pas... la rupture du mariage de mon neveu...

CHARLES.

De votre!..

M. FABRICIUS.

Il n'épouse plus M$^{lle}$ de Varna; c'est une affaire finie!.. ces mariages préparés de longue main ne réussissent jamais...

CHARLES.

Et de quel côté sont venus les obstacles?

M. FABRICIUS.

L'auriez-vous cru?.. du côté de Ninette.

CHARLES.

Comment?

M. FABRICIUS.

Elle a eu l'audace d'avouer à son père qu'elle n'avait que de l'amitié pour Léopold... et sur l'observation qu'entre époux, l'amitié devenait facilement de l'amour, elle a naïvement répondu, que cette transition lui serait impossible... attendu...

CHARLES.

Attendu?..

M. FABRICIUS.

Je vous retiens ici!.. et vous vouliez parler à M. de Varna!

CHARLES.

Attendu, Monsieur?

M. FABRICIUS.

Non, non... faites vos affaires!..

CHARLES.

Eh! Monsieur... achevez, je vous en supplie, attendu!..

M. FABRICIUS.

Attendu, qu'elle en aimait un autre.

CHARLES, à part.

Ah! Ninette...

M. FABRICIUS.

Que dites-vous de cette ingénuité?

CHARLES.

Je dis, que rien n'est plus touchant et plus respectable; et qu'après un aveu pareil, si M. de Blumenthal ne renonce pas à ses prétentions...

M. FABRICIUS.

Eh bien!...

CHARLES.

Eh bien! il y a renoncé... il a bien fait...

M. FABRICIUS.

Quel intérêt vous prenez à cette affaire! Sauriez-vous sur qui est tombé le choix de Ninette?

CHARLES.

Et comment le saurais-je?

M. FABRICIUS.

Je l'ignore... mais elle n'a pas voulu s'expliquer davantage, et son père est dans un étrange embarras.

CHARLES.

Pourquoi?

M. FABRICIUS.

C'est le plus indulgent des hommes!.. il a promis de ne jamais contrarier les affections de sa fille... mais comment accepter un gendre qu'on refuse de lui nommer, et qui ne se déclare pas!.. convenez que c'est un grand sot!..

CHARLES.

Mais s'il craint en se déclarant de faire un outrage à l'homme qu'il respecte le plus au monde!.. s'il ne peut offrir à M$^{lle}$ de Varna, ni un nom... ni une fortune...

M. FABRICIUS.

Notre ami ne tient qu'à la probité.

CHARLES.

Cependant, son indulgence aurait des bornes... et tenez!.. ce n'est assurément pas de moi qu'il s'agit... mais, supposons enfin, que sa fille m'eût distingué... si j'allais la lui demander?.. que me dirait-il?

M. FABRICIUS.

Il vous la donnerait avec joie...

CHARLES.

Vous voulez vous moquer de moi!.. adieu, Monsieur!..

M. FABRICIUS.

Vous n'allez pas le rejoindre?..

CHARLES.*

Je ne saurais lui parler dans le trouble où je suis!..

M. FABRICIUS.

Mais une supposition n'émeut pas à ce point!.. c'est donc la vérité que vous m'avez dite?..

CHARLES.

Eh! Monsieur, vous le savez bien!.. et c'est pour cela que je pars...

M. FABRICIUS.

C'est pour cela que vous resterez... allez trouver M. de Varna, et faites-lui l'aveu que vous m'avez fait...

CHARLES.

Je ne l'oserai jamais!

M. FABRICIUS.

Vous l'oserez! vous l'oserez, vous dis-je! parce qu'il vous répondra ce que je vous ai répondu...

CHARLES.

Monsieur!

M. FABRICIUS, le poussant vers la porte du fond.

Mais vous voyez bien que je vous parle en son nom!.. que je suis sûr de tout! allez! allez donc!..

CHARLES,

Ah! c'est un rêve!.. mais je m'y abandonne... mon cher Monsieur, je vous devrai mon bonheur...

(Comme il se jette dans les bras de M. Fabricius, M$^{me}$ Fabricius entre; Charles sort par la porte de gauche sans l'avoir vue.)

---

* M. Fabricius, Charles.

## SCÈNE VIII.

M. et M<sup>me</sup> FABRICIUS. *

M<sup>me</sup> FABRICIUS.

Son bonheur !.. qu'est-ce qu'il veut dire ?

M. FABRICIUS, se retournant.

M<sup>me</sup> Fabricius!.. Te voilà seule, chère amie !.. où est Léopold ?

M<sup>me</sup> FABRICIUS.

Il est sorti pour affaires de son service... mais ce n'est pas de cela qu'il s'agit... que signifie cette exclamation : je vous devrai mon bonheur ?

M. FABRICIUS.

Propos d'enthousiaste !.. je lui donnais un petit conseil qu'il a reçu avec reconnaissance.

M<sup>me</sup> FABRICIUS.

Eh bien! M. de Varna vous a parlé. Qu'avait-il à vous dire ?.. qu'avez-vous résolu ? a-t-il définitivement retiré sa parole ?

M. FABRICIUS.

Ah! si tu m'avais entendu! avec quelle chaleur j'ai défendu les droits de ton neveu! comme j'ai été éloquent en rappelant les souvenirs de notre vieille amitié, et le respect dû à la foi promise !.. je t'assure que j'ai eu de beaux momens.

M<sup>me</sup> FABRICIUS.

Vos frais d'éloquence ont été faits en pure perte !

M. FABRICIUS.

En pure perte! non, non, ma chère... j'ai failli changer sa résolution.

M<sup>me</sup> FABRICIUS.

Il en a donc pris une ! laquelle ? parlez, parlez donc ! vous me faites mourir...

M. FABRICIUS, la conduisant à une fenêtre.

Tiens ! voilà un spectacle qui en dit plus que toutes mes paroles...

M<sup>me</sup> FABRICIUS.**

M. Miller dans les bras de M. de Varna...

M. FABRICIUS.

Qui vient de lui accorder sa fille !

M<sup>me</sup> FABRICIUS.

Fort bien ! je m'y attendais ! mais c'est une trahison si indigne... un mariage si extravagant !.. vous êtes leur complice...

M. FABRICIUS.

Moi !

M<sup>me</sup> FABRICIUS.

J'ai des yeux !.. les remercîmens de ce jeune homme avaient bien de l'effusion... c'est vous qui avez mené cette intrigue ! ne cherchez pas à le nier ! dans quel intérêt avez-vous sacrifié votre neveu à un étranger ? un étranger ! que dis-je ? l'est-il en effet pour vous !

M. FABRICIUS.

Madame !..

M<sup>me</sup> FABRICIUS.

Monsieur, c'en est fait! à dater de ce jour ! vous ne remettrez plus le pied dans cette maison !

M. FABRICIUS.

Rompre avec mon meilleur ami !

M<sup>me</sup> FABRICIUS.

Ou avec moi !.. choisissez !..



M. FABRICIUS.

Si tu connaissais les motifs de sa conduite !..

M<sup>me</sup> FABRICIUS.

Il vous les a dits !

M. FABRICIUS.

Assurément.

M<sup>me</sup> FABRICIUS.

Parlez! je suis prête à les apprécier !

M. FABRICIUS.

C'est que je lui ai promis le secret !

M<sup>me</sup> FABRICIUS.

Un secret !.. et je ne le saurais pas !.. voilà qui est plaisant ! vous vous expliquerez, Monsieur... vous songerez que votre silence autorise toutes les conjectures...

M. FABRICIUS.

Madame, vous avez le champ libre ! mais trahir le secret d'un ami ! ce serait pousser trop loin la faiblesse... vous m'avez rendu ridicule assez souvent... n'essayez pas de faire de moi un malhonnête homme !..

M<sup>me</sup> FABRICIUS.

C'est la première fois que vous me répondez ainsi !... Je vois que M. de Varna me poursuit dans tout ce qui m'entoure, et que ses conseils...

M. FABRICIUS.

Je les ai trouvés excellens, madame... prenez garde, je suis bien tenté de les suivre !

M<sup>me</sup> FABRICIUS.

Faites-en l'essai, pour voir... vous piquez vivement ma curiosité.

M. FABRICIUS.

Voici quelqu'un ! du calme! on croirait que nous nous querellons.

## SCÈNE IX.

M. WOLF, M. et M<sup>me</sup> FABRICIUS.

M. WOLF.*

Pardon, monsieur; je n'ai trouvé personne pour m'introduire... Veuillez me dire si ce n'est pas ici que demeure M. Miller ?

M<sup>me</sup> FABRICIUS.

M. Miller ? vous voulez dire M. Stopfell ?

M. WOLF.

En effet !.. Mais je croyais qu'il n'était connu que sous le premier nom ?

M<sup>me</sup> FABRICIUS.

Sous tous les deux, monsieur... lequel est le vrai? ce n'est peut-être bien ni l'un ni l'autre.

M. WOLF.

Madame, je suis l'oncle de M. Stopfell.

M. FABRICIUS, à part.

Ah ! diable !

M. WOLF.

Je regrette que vous ne connaissiez ni mon neveu, ni sa famille... vous ne supposeriez pas...

M<sup>me</sup> FABRICIUS.

Nous la connaissons à merveille... M. Wolf, n'est-ce pas ?... Vous voyez que je suis bien instruite.

M. WOLF.

Il m'est pénible d'être en reste avec vous, madame, et de ne pas savoir à qui je suis redevable d'un accueil aussi peu attendu.

M. FABRICIUS, à part.

Très bien! (Haut.) Vous voulez sans doute parler à votre neveu... Je vais le faire prévenir.

M. WOLF.

Je vous serai fort obligé.

M<sup>me</sup> FABRICIUS.

Vous arrivez à propos, monsieur, pour partager son heureuse fortune... Je ne lui fais pas mon compliment des moyens qu'il a employés pour l'obtenir; mais tous les moyens sont bons quand on réussit.

M. WOLF.

J'ai élevé mon neveu, madame, et je suis sûr de lui... Je vois avec regret qu'il a déjà des ennemis; mais quels qu'ils soient, et avant même de l'avoir entendu, ce n'est pas lui que je condamne.

M. FABRICIUS, à sa femme.*

Venez donc, madame; vous n'êtes pas dans votre jour de réparties... Monsieur, enchanté...

M<sup>me</sup> FABRICIUS.

Voilà qui complète le tableau!.. Je veux être la première à publier dans Stuttgard cette magnifique alliance.

(Elle sort avec son mari.)

## SCÈNE X.

### M. WOLF, seul.

Qu'est-ce que c'est que cette dame? de quoi parle-t-elle et que me veut-elle?.. Charles aurait fait fortune! comment cela? nous vivons dans un temps où l'on ne réussit pas si vite!.. Je l'ai défendu, je le devais... mais il y a dans tout ceci des mystères qui me déplaisent... quel est cette maison où il paraît établi?.. l'hôtel de quelque grand seigneur, sans doute... A quel titre a-t-il droit de l'habiter?.. Cruel enfant! parti depuis quatre mois, il y a huit jours seulement qu'il me donne de ses nouvelles... Il attendait une réponse, je suis venu moi-même... rue de Lessing, n. 18... C'est bien l'adresse qu'il m'avait indiquée... mais évidemment il n'est pas chez lui.

## SCÈNE XI.

### CHARLES, M. WOLF.

CHARLES.

Mon oncle, mon cher oncle!

M. WOLF.

Charles! (Ils s'embrassent.) Ah! vraiment, je suis trop faible!.. J'aurais dû vous gronder avant de vous embrasser.

CHARLES.

Mes torts sont bien grands.

M. WOLF.

Il y en a un que j'ai bien de la peine à vous pardonner! c'est d'être parti sans me dire adieu. Je n'avais donc pas toute votre confiance?

CHARLES.

Je voulais vous cacher le but de mon voyage.

M. WOLF.

Moi, je craignais de l'avoir deviné... mais à voir ce front riant, ce visage épanoui, je ne puis croire que vous fussiez occupé des idées que je vous supposais.

CHARLES.

C'est un reproche.

M. WOLF.

Non.

CHARLES.

Que mon père me pardonne... je m'étais constitué son vengeur... j'étais parti pour chercher et punir son meurtrier... Vous vous attendiez, n'est-ce pas, à me retrouver agenouillé sur sa tombe, et vous me trouvez, comme vous le dites, le front riant et le visage épanoui... c'est une honte! c'est une honte!.. Mais je n'ai point abandonné le projet que me dicta la piété filiale... L'exécution n'en est que retardée... patience! je vous jure de nouveau que mon père sera vengé.

M. WOLF.

Point de justification et point de sermens!.. j'ai toujours refusé de m'associer à vos projets de vengeance, et si je suis parti à la réception de votre lettre... c'est pour vous empêcher d'y donner suite... Mais ne parlons plus de cela... cette conversation vous exalte, et je veux vous calmer... Je me trompe fort, si ces quatre mois d'absence n'ont pas été moins tristes pour vous que pour moi, et si vous n'avez pas quelqu'agréable confidence à me faire.

CHARLES.

Mon cher oncle!.. mais je n'ose vous parler de mon bonheur... J'en rougis devant vous, à qui j'avais fait d'autres promesses... et, cependant, mon cœur est plein d'une joie folle... Ah! je ne sais ce que j'éprouve... mais le présent et le passé mêlent en moi leurs images confuses: j'ai envie de rire et de pleurer...

M. WOLF.

Vous êtes amoureux?

CHARLES.

Et comment savez-vous déjà mon secret?

M. WOLF.

Les passions sont comme les orages... on les devine avant qu'elles se déclarent... C'est donc un amour heureux qui vous occupe?

CHARLES.

Et qui m'a retenu à Stuttgard!..

M. WOLF.

Mon fils!... je me félicite d'être accouru... Le bonheur ou le malheur de votre vie dépend du choix que vous avez fait... Il me tarde de voir celle que vous aimez!..

CHARLES.

Votre curiosité sera bientôt satisfaite! Elle habite cette maison!..

M. WOLF.

Et comment êtes-vous chez elle?

CHARLES.

Chez son père... c'est l'un des premiers magistrats de cette ville... Je n'avais aucun moyen de me faire présenter chez lui... je suis entré dans sa maison en qualité de secrétaire...

M. WOLF.

Et il vous a reçu, ignorant que vous aimiez sa fille!.. C'est de la séduction!

* M<sup>me</sup> Fabricius, M. Fabricius.

CHARLES.

Ah! je me serais fait tuer avant de lui parler de mon amour. La voir, la voir, la voir... je ne voulais rien de plus... Que dis-je! ce matin, je partais pour Vienne... Mais son père!.. ah! comment vous dire?.. il oublie la distance qui nous sépare!.. il m'accepte pour gendre, moi, pauvre jeune homme obscur, sans fortune, sans nom!..

M. WOLF.

Et quel est le sien, mon fils?

CHARLES.

C'est le comte Joseph de Varna.

M. WOLF.

Joseph de Varna!

CHARLES.

Ce nom vous est connu?

M. WOLF.

S'il m'est connu!.. Joseph de Varna, qui servit autrefois, comme capitaine, dans un des régimens de la Landwer!..

CHARLES.

Lui-même.

M. WOLF.

Justice de Dieu! c'est chez lui que nous sommes?.. vous voulez épouser sa fille?

CHARLES.

Blâmez-vous une alliance si fort au-dessus de tout ce que je pouvais espérer...

M. WOLF.

Mais il ne sait donc pas qui vous êtes... il ne connaît donc pas votre véritable nom?

CHARLES.

Je le lui ai dit, ce matin même, en lui racontant la catastrophe qui m'a ravi mon père... et le projet que j'ai conçu de punir son assassin...

M. WOLF.

Et il vous a écouté?

CHARLES.

Avec l'émotion la plus vive!.. Mais quel rapport?

M. WOLF.

Mon fils!.. vous savez si je vous aime... et si votre bonheur est le dernier intérêt de ma vie!.. Je vais vous porter un coup bien cruel!.. mais il faut que je m'y résigne, et l'impatience, que je lis dans vos yeux, ne me permet pas de chercher des ménagemens... Vous ne pouvez épouser M<sup>lle</sup> de Varna...

CHARLES.

Que dites-vous?

M. WOLF.

Qu'il faut renoncer à votre amour... dussiez-vous en verser des larmes de sang!

CHARLES.

Je ne puis comprendre...

M. WOLF.

Charles! m'avez-vous tenu lieu de fils? vous ai-je tenu lieu de père?..

CHARLES.

O ciel!

M. WOLF.

Eh bien! point de questions, et point de délais... Venez, venez!..

CHARLES.

J'ai demandé la main de M<sup>lle</sup> de Varna; on me l'a accordée, je dois l'épouser... il y va de l'honneur pour l'un et pour l'autre! Mais que pouvez-vous blâmer dans ce mariage?.. Elle, je n'en parle point... quelle calomnie oserait l'atteindre?.. C'est donc son père que votre silence accuse?.. jusqu'ici il a passé pour le plus juste des hommes... Voyons! parlez!.. quel est son crime!

M. WOLF.

Ne me forcez pas à vous le dire!

CHARLES.

Je veux vous mettre en face l'un de l'autre... et quelle que soit l'accusation... je ne doute pas qu'il se justifie...

M. WOLF.

Se justifier, lui!.. Avant qu'il y réussisse, la mort me rendra tout ce que j'ai aimé... tout ce qu'il m'a ravi!..

CHARLES.

C'est en dire trop, et pas assez!

M. WOLF.

Sortons!.. c'est par pitié pour vous que je refuse de m'expliquer davantage!..

CHARLES.

Vous voulez donc me contraindre à vous deviner!..

M. WOLF.

Mon fils!..

CHARLES.

Si vous ne m'aviez pas dit tant de fois que vous ne saviez pas le nom du meurtrier de mon père...

M. WOLF.

Je devais vous le dire, je croyais prévenir de nouveaux malheurs...

CHARLES.

Ce n'était donc pas la vérité?.. Vous détournez les yeux... vous ne détruisez pas l'horrible soupçon qui est entré dans ma pensée... Oh! mais parlez donc!.. dites moi que M. de Varna n'est pas le seul homme que je sois forcé de maudire!..

M. WOLF.

Point de malédiction!.. il se repentait... et la preuve, c'est qu'il vous donnait sa fille...

CHARLES.

Ah! c'était une réparation... tout est expliqué!.. (Il marche à grands pas.) Félicitez-vous maintenant de m'avoir trompé avec tant de persévérance, de m'avoir obstinément caché son nom... La vengeance et l'amour sont les deux grandes passions de l'homme... Voilà qu'elles sont allumées dans mon cœur, sans que, grâce à vous, il me soit jamais possible de les satisfaire...

M. WOLF.

Vous les dompterez alors; homme et chrétien, souvenez-vous que la vie est un combat!..

La toile tombe.

FIN DU DEUXIÈME ACTE.

# ACTE III.

## SCÈNE I.
### M. DE VARNA, M. FABRICIUS, NINETTE.

**M. DE VARNA.**

Jamais?.. jamais?.. il a dit que tout était rompu pour jamais?..

**NINETTE.**

Vous commenciez à trouver son absence un peu longue : je suis venue dans cette salle pour lui dire que plusieurs de vos amis étaient arrivés à qui vous vouliez le présenter comme votre gendre... à ce mot, il a fait un grand mouvement; des larmes ont coulé de ses yeux ; il s'est jeté sans rien dire dans les bras de son oncle... J'étais toute troublée de cet accueil ; car ce n'est pas là ce que j'attendais ! voyant qu'il ne voulait pas me répondre, je me suis adressée à M. Wolf, et je lui ai demandé s'il ne comptait pas vous voir... Non, Mademoiselle, a-t-il répondu, cet entretien serait inutile. Veuillez agréer l'expression de mes regrets... et alors M. Miller s'est tourné vers moi, et d'une voix étouffée par ses sanglots : adieu, m'a-t-il dit, tout est rompu ; je ne vous reverrai jamais !..

**M. DE VARNA.**

Calme toi.

**NINETTE.**

Jamais! Jamais!

**M. DE VARNA.**

Et, ils sont sortis?..

**NINETTE.**

Mon père je n'en sais rien. Je l'ai regardé sans pouvoir prononcer une parole, et je me suis retirée. Il m'a fallu bien du courage, allez...

**M. DE VARNA.**

Je le reconnais et je t'en félicite.

**NINETTE.**

C'est donc M. Wolf qui a rompu mon mariage? lui, qui a l'air si respectable !.. quel mal lui ai-je fait ?

**M. DE VARNA.**

Redescends dans le salon et s'il nous vient des visites...

**NINETTE.**

Je ne veux pas les recevoir ; non, mon père, l'effort que j'ai fait devant M. Miller a épuisé tout mon courage. Je vous demande la permission de me retirer dans ma chambre. Ne soyez pas inquiet de moi ; je me ferai bientôt une raison. Puisque M. Miller est un ingrat !..

**M. DE VARNA.**

Hélas, il n'a rien à se reprocher...

**NINETTE.**

Comment !.. m'abandonner quand il vient d'obtenir ma main ? Vous trouvez sa conduite excusable?.. son oncle lui a donné de mauvais conseils, je le vois bien ; mais il ne devait pas les accueillir! et quand M. Wolf lui aurait défendu de m'épouser ! eh bien, on n'obéit pas! on se révolte !..

**M. DE VARNA.**

Tu as raison. Et après tout, si ce n'est pas celui-là que tu épouses...

**NINETTE.**

Ah! ne me parlez d'aucun autre! j'ai le monde en horreur. Je passerai ma vie près de vous. Je ne veux jamais me marier.

*( Elle sort.)*

## SCÈNE II.
### M. DE VARNA, M. FABRICIUS.

**M. FABRICIUS.**

Hé bien, l'arrivée de l'oncle a brouillé les cartes ?..

**M. DE VARNA.**

Que supposes-tu?

**M. FABRICIUS.**

Qu'il a revélé à son neveu le secret de ce malheureux duel.

**M. DE VARNA.**

Mais il ne savait pas que je fusse le meurtrier !..

**M. FABRICIUS.**

Dis qu'il feignait de ne pas le savoir. Le jeune homme ayant un caractère ardent, c'était une sage précaution. Il paraît néanmoins qu'il ne veut pas du mariage et qu'il a conservé de la rancune.

**M. DE VARNA.**

Et ne pas soupçonner d'où me vient la haine de cette famille! Il ne veut pas me voir, a-t-il dit ; mais Dieu merci, il n'a pas encore quitté Stuttgard et je saurai bien le rejoindre.

*(Il sonne.)*

## SCÈNE III.
### LES MÊMES, UN DOMESTIQUE.

**M. DE VARNA.**

M. Miller est sorti de mon hôtel, il y a quelque temps, avec un Monsieur d'un certain âge. Savez-vous quel chemin ils ont pris?

**LE DOMESTIQUE.**

Ces Messieurs sont encore dans la maison.

**M. DE VARNA.**

Comment?

**LE DOMESTIQUE.**

Je viens du bureau des diligences de Steinbach où j'ai retenu deux places...

**M. FABRICIUS.**

Ils sont pressés.

**LE DOMESTIQUE.**

Et quand Monsieur a sonné, j'allais monter chez M. Miller, pour lui rendre compte de la commission qu'il m'a donnée.

**M. DE VARNA.**

Il est donc chez lui?

**LE DOMESTIQUE.**

Il écrit une lettre.

**M. FABRICIUS.**

Qui t'est probablement adressée.

**M. DE VARNA.**

Et cet étranger?

LE DOMESTIQUE.

Ne l'a pas quitté.

M. DE VARNA.

C'est bien !          (Le domestique sort.)

## SCÈNE IV.

M. FABRICIUS, M. DE VARNA.

M. DE VARNA.

Une lettre !.. sans doute une lettre d'adieux et d'affaires, qui ne m'apprendrait rien, qui ne m'expliquerait rien !... Je ne m'en contenterai pas.

M. FABRICIUS

Que veux-tu donc?

M. DE VARNA.

Une explication décisive.

M. FABRICIUS.

Il ne peut te la refuser. Quand on apprendra dans Stuttgard que le mariage de ta fille s'est rompu, non par ton refus, mais par celui de ton secrétaire...

M. DE VARNA.

L'étonnement sera grand, n'est-ce pas?

M. FABRICIUS.

Ce sera un éclat fâcheux pour toi.

M. DE VARNA.

Surtout pour Ninette... pauvre et chère enfant !.. Je vais parier que les insinuations les plus malveillantes seront propagées par M^me Fabricius.

M. FABRICIUS.

Tu commences à la connaître.

M. DE VARNA.

Et tu n'useras pas de tes droits sur elle pour l'engager à se taire?

M. FABRICIUS.

Engager ma femme à se taire... Décidément tu ne la connais pas.

M. DE VARNA.

Je croyais que tu venais m'offrir tes services.

M. FABRICIUS.

Je suis venu te faire mes adieux... Oui, mon cher, M^me Fabricius furieuse, m'emmène aux eaux de Graëtz, les eaux les plus ennuyeuses de toute l'Allemagne !.. C'est un tête-à-tête de quatre mois... T'avais-je prédit qu'elle se vengerait sur moi du mariage de ta fille?

M. DE VARNA.

Mais puisque le mariage ne se fait pas.

M. FABRICIUS.

C'est égal, elle se venge toujours !.. enfin les chevaux de poste sont commandés pour neuf heures; si d'ici là tu te réconcilies avec ton secrétaire, fais-moi l'amitié de me l'écrire. Si je ne reçois rien, j'annoncerai à ma femme la rupture officielle de ce mariage, et peut-être parviendrai-je à la retenir.

M. DE VARNA.

Allons, je ne crois pas que tu partes.

M. FABRICIUS.

Que Dieu t'entende! ah! si tu m'en croyais!..

M. DE VARNA.

Eh bien?

M. FABRICIUS.

Tu laisserais là le sieur Wolf et son neveu... il refuse ta fille, tant pis pour lui. Mais devant la probité la plus scrupuleuse, tu n'as plus rien à te reprocher. Qu'il aille chercher un meilleur mariage à Steinbach... bon voyage !

M. DE VARNA.

Voilà bien un conseil d'égoïste et tu l'as toujours été. Quoi ! tu veux...

M. FABRICIUS.

Point d'emportemens. Tu sais que ce n'est pas mon fait. On a un ami, on lui donne un conseil, il vous envoie promener... tout cela est fort naturel... Adieu, adieu !

## SCÈNE V.

M. DE VARNA, seul.

Abandonner ce malheureux jeune homme que j'ai fait orphelin! ah! si je ne m'intéressais pas à lui, je ne mériterais pas d'être père !.. le voici.          (Il va fermer la porte du fond.)

## SCÈNE VI.

M. DE VARNA, M. WOLF, CHARLES.

M. WOLF, à son neveu.

Venez, un peu de courage... un dernier effort... Il faut faire remettre cette lettre à M. de Varna... rien de plus... Une explication verbale est dangereuse et inutile ; et vous voyez que lui-même ne la désire pas.

M. DE VARNA, s'avançant.

Qui vous l'a dit?

CHARLES.

Ah! c'est lui!

M. DE VARNA.

Je ne désire pas une explication verbale?., Ah! monsieur, si j'avais su que vous habitiez Steinbach, il y a long-temps que je serais allé vous la demander; je ne laisserai pas échapper l'occasion de l'obtenir!

CHARLES, à lui-même.

O Dieu!.. voir là... devant moi! le meurtrier de mon père, et ne pouvoir le venger !

M. WOLF.

L'explication que je puis vous donner sera courte. Regardez-moi en face, si vous l'osez... Vingt ans d'une vie où vous avez rendu le bonheur impossible, ont-ils flétri mes traits au point que vous ne puissiez me reconnaître ?..

M. DE VARNA.

Je vous reconnais... Et, cependant, quand je vous ai vu, vous ne portiez pas ce costume. Qui l'eût dit, que le témoin de ce duel terrible deviendrait un jour l'un des ministres du Dieu de paix?

M. WOLF.

Ah! rendez grâce à ce caractère dont j'étais déjà revêtu! Si, à cette époque, j'avais encore eu le droit de manier une épée, vous auriez fait deux victimes au lieu d'une, ou bien je vous aurais tué sur le cadavre de mon frère !

M. DE VARNA.

Est-ce un prêtre qui me parle ?..

M. WOLF.

Un prêtre et un juge. Devant le tribunal suprême, la justice parle aussi haut que la bonté !..

Mais j'en dirais trop, vous m'avez reconnu... il suffit. Vous savez pourquoi mon neveu ne peut épouser votre fille.

M. DE VARNA.

Il le pourrait si vous n'aviez pas parlé! Ah! vous étiez mieux inspiré, quand vous avez feint d'ignorer le nom de celui qui a tué son père. Alors, vous faisiez acte de prudence; aujourd'hui, monsieur le ministre, vous avez fait acte de cruauté!

M. WOLF.

J'ai fait ce que j'ai dû faire.

M. DE VARNA.

Ne vous créez pas des devoirs chimériques. Vous avez cédé à ce ressentiment dont vous refusez de m'expliquer la cause, et que l'âge au moins devrait avoir calmé! Ah! quelle que soit l'origine de votre haine, est-ce ainsi que vous pratiquez le pardon des injures? Inflexible après vingt ans!.. Mais la justice des hommes a moins d'animosité que vous! Vingt ans! C'est le terme qui est fixé pour la prescription des plus grands crimes, et la mort de Stopfell ne fut qu'un malheur! Parlez, monsieur, vous vouliez m'accuser et c'est moi qui vous accuse; de quel droit êtes-vous venu vous jeter entre l'offense et la réparation?

M. WOLF.

Il y a des réparations plus funestes que l'injure. Et vous ne savez pas que la colère du ciel éclatait dans l'expiation que vous aviez rêvée. Allez, je ne veux pas d'autres preuves qu'il n'a pas encore pardonné; il voit vos remords et j'apprécie vos intentions, c'est assez. Je ne vous demande pas de rendre justice aux miennes. Si j'avais à les justifier, ce serait devant Charles seulement. Je n'ai pas voulu que le bonheur fût pour lui le prix du sang de son père; qu'il s'explique: me reproche-t-il d'avoir dit la vérité?..

CHARLES.

Ah! mon seul malheur est de l'avoir apprise trop tard! Abrégeons un entretien qui ne peut changer mon sort ni le vôtre. Je vais partir, monsieur; je ne puis vous remercier de vos bienfaits; ils m'ont ôté la dernière douceur qui reste à un malheureux : le droit de maudire l'auteur de son infortune! Que le ciel vous pardonne la mort de mon père; moi, je renonce au projet de la venger!.. Ah! que vous avais-je fait pour me traiter avec une bonté si grande; et lui, mon père, le plus doux, le meilleur des hommes, que vous avait-il fait pour le tuer?..

M. DE VARNA.

Vous parlez comme quelqu'un qui ignorerait toutes les circonstances de ce duel?

CHARLES.

Je n'en connais que la catastrophe. Que m'importe le reste?..

M. DE VARNA.

Mais, le reste établit de quel côté l'agression est venue.

CHARLES.

Et comment ne serait-ce pas du vôtre? A qui mon père aurait-il pu chercher querelle?

M. DE VARNA.

Vous croyez que je l'ai provoqué!.. Mais, quelle est donc cette vérité qu'on vous a dite? Moi, provoquer votre père? mais je ne le connaissais pas; mais, une heure avant ce duel fatal,

je ne l'avais jamais vu! Je ne comprends pas les révélations incomplètes de votre oncle; mais, s'il s'obstine à se taire, moi, je veux parler. A défaut de votre affection, je tiens à conserver votre estime. Celui qu'on vous a représenté comme un spadassin avait reçu un soufflet, oui, un soufflet de votre père! Pouvait-il se dispenser de se battre avec lui?..

CHARLES, à son oncle.*

Un soufflet!.. Ah! monsieur!.. pourquoi ne me l'avez-vous pas dit?.. Mon père était donc l'ennemi de M. de Varna? Quelle insulte avait motivé cet horrible outrage?

M. WOLF.

Charles, vous ne savez pas ce que vous me demandez; si je me déterminais à parler, ce ne serait pas devant vous.** Monsieur, mon malheureux beau-frère voulait vous forcer à un duel, et son honneur lui défendait de vous en avouer la cause; mais, puisque vous tenez absolument à savoir le secret de sa conduite, cherchez dans votre vie, et voyez si vous n'y retrouvez pas quelque action qui méritait le plus terrible châtiment!..

M. DE VARNA.

Grâce à Dieu, ma vie est pure. Je veux perdre la réputation d'honnête homme que mes concitoyens m'ont faite, si je sais ce que votre frère avait à me reprocher.

M. WOLF.

Je croyais que vous aviez plus de mémoire... je vais donc vous aider. Souvenez-vous de la fête qui fut donnée, à Vienne, en 1815, aux officiers allemands, vainqueurs à Leipsick.

M. DE VARNA.

Qu'y a-t-il de commun entre cette fête et le crime que vous m'imputez?..

M. WOLF.

Vous me le demandez! vous n'avez pourtant pas oublié la rencontre que vous y avez faite!

M. DE VARNA.

Hé! Monsieur, je n'y suis pas allé.

M. WOLF.

Vous n'y êtes pas allé?

M. DE VARNA.

Sur l'honneur, monsieur, je vous l'affirme. Le jour où elle se donna, j'étais dans mon lit; j'avais la fièvre et le délire.

M. WOLF.

Vous osez soutenir?..

M. DE VARNA.

Ce que je suis en état de prouver.

M. WOLF.

Le sort en est jeté. Une explication complète est nécessaire... Stopfell, tu me pardonneras de trahir le serment que je t'ai fait! vous ne pouvez rester ici, Charles; retirez-vous.

CHARLES.

Me retirer! Mais je prends plus d'intérêt que vous-même à la justification de M. de Varna! mais c'est mon amour, c'est mon avenir, qui sont en cause!

M. WOLF.

Et quand ce serait votre existence même je ne parlerais pas devant vous!..

* M. Wolf, M. de Varna, Charles,
** M. de Varna, M. Wolf, Charles.

CHARLES.

Mon cher oncle...

M. WOLF.

Vous avez, je crois, quelque confiance dans mon expérience et dans mon amitié. Je vous prie de nous laisser et d'aller m'attendre !

CHARLES, en sortant.

Oh ! je veux tout savoir !

(Il rentre chez lui.)

## SCÈNE VII.

### M. DE VARNA , M. WOLF.

M. WOLF, revenant.

Vous affirmez sur l'honneur que vous n'êtes point allé à la fête qui fut donnée au palais de Barleim en 1815, vous, l'un des héros de cette fête nationale !.. Qui donc y vint avec ce carnet ?

M. DE VARNA.

Voyons.

M. WOLF.

Vous le reconnaissez, n'est-ce pas ? c'est bien à vous qu'il fut vendu par le joaillier Bamberg, à Vienne ? D'ailleurs, voici une carte d'entrée à cette fête, sur laquelle votre nom est écrit : Joseph de Varna. Vous n'avez pas de frère ou de parent qui porte votre nom ?

M. DE VARNA.

Je reconnais ce carnet , que j'ai effectivement acheté et perdu à l'époque dont vous me parlez.

M. WOLF.

Je ne l'ai pas perdu, moi ! je l'ai soigneusement conservé , comme la preuve de votre crime.

M. DE VARNA.

Monsieur, avant d'aller plus loin, veuillez me dire comment ce carnet est tombé dans vos mains ?

M. WOLF.

C'est ma sœur qui l'a remis en mourant à son mari, au malheureux Stopfell. Des mains de mon beau-frère, il a passé dans les miennes.

M. DE VARNA.

Votre sœur...

M. WOLF.

Et voici une lettre, un adieu suprême, qui nous expliqua sa mélancolie et la langueur fatale dont elle est morte, à l'âge de vingt-cinq ans !.. Lisez, monsieur, lisez.

M. DE VARNA, lisant.

« Frédéric, ne me regrettez pas, j'étais indi- »gne de vous. Le chagrin sous lequel je succombe »date de mon voyage à Vienne, et de cette fête si »malheureusement célèbre où ma tante me con- »duisit. Devais-je aller à une fête sans mon frère »et sans vous ? Vous savez qu'elle se termina »par un incendie. Quand il se déclara, ma tante »et moi nous fûmes séparées par la foule. Je »fuyais au hasard dans les salons enflammés »quand je rencontrai un officier de la Landwher, »qui, une heure avant, nous avait abordées, »sans nous connaître, et nous avait suivies assez »long-temps... L'uniforme qu'il portait m'inspira »de la confiance... éperdue, presque évanouie, »je me laissai entraîner et sauver par lui... pour »quoi n'ai-je pas mieux aimé mourir ?.. »

M. WOLF.

Continuez, monsieur, continuez...

M. DE VARNA.

« Quand je revins à moi, j'étais en sûreté, »mais j'étais perdue. J'entendis tout-à-coup au- »près de moi la voix de ma tante qui m'appe- »lait... Me voici !.. me voici !.. m'écriai-je... »Alors ce malheureux prit la fuite ; et, quand je »me levai, mon pied heurta ce carnet que je vous »donne et qui m'a révélé son nom... Deux ans »après nous nous sommes mariés. C'est là que »mon malheur cesse et que mon crime com- »mence. Frédéric, j'étais mère, et ma tante »élève mon enfant. Pardonnez-moi de vous avoir »trompé ! »

M. WOLF.

Hé bien ?

M. DE VARNA.

Hé bien ! ma surprise et mon indignation sont si fortes que je ne puis encore m'expliquer.

M. WOLF.

Cette lettre vous confond ?

M. DE VARNA.

Elle m'apprend que la mort de votre beau-frère n'est pas le seul de vos malheurs que j'aie à me reprocher.

M. WOLF.

Vous avouez que vous êtes coupable ?

M. DE VARNA.

Non pas comme vous le croyez !.. « L'habit qu'il portait m'inspira de la confiance... » Son amitié m'en inspirait aussi, l'indigne ! ai-je pu prévoir une aussi lâche trahison !

M. WOLF.

Que dites-vous ?

M. DE VARNA.

Je dis que voilà une tombe bien malheureuse-ment ouverte, et que si votre beau-frère, avant de me frapper, m'avait dit un mot, un seul mot, ce duel n'aurait pas eu lieu, cette méprise mau-dite ne durerait pas depuis vingt ans !

M. WOLF.

Une méprise !

M. DE VARNA.

Hélas ! elle est bien naturelle, et toutes les cir-constances m'accusaient !

M. WOLF.

Une méprise !

M. DE VARNA.

Ah ! malheur irréparable ! comment n'avez-vous pas eu l'idée que celui dont le nom est écrit sur cette carte et le misérable qui a causé la mort de votre sœur pouvaient n'être pas le même homme ?

M. WOLF.

Cela n'est pas, monsieur, cela ne peut pas être.

M. DE VARNA.

Et moi, je vous jure que c'est la vérité.

M. WOLF.

Ciel !.. Et qui serait donc le coupable ?

M. DE VARNA.

Un ancien ami, à qui je rougis maintenant d'a-voir donné ce nom.

M. WOLF.

Ce lâche était votre frère d'armes dans la journée qui a sauvé l'Allemagne ?

M. DE VARNA.

Non, grâce au Ciel, non !

M. WOLF.

A quel titre alors put-il s'introduire dans cette fête ?

M. DE VARNA.

En m'empruntant les miens ! en me prenant mon uniforme et cette carte d'entrée... Ah ! je ne me pardonnerai jamais de lui avoir prêté le nom d'un honnête homme ; mais je ne le croyais pas capable de le déshonorer !

M. WOLF.

Ah ! Monsieur, s'il était vrai, s'il était possible...

M. DE VARNA.

Vous me soupçonnez encore ?

M. WOLF.

Je ne puis vous dire tout ce qu'il m'en coûterait pour vous refuser mon estime ; mais quel que soit l'accent de vérité qui éclate dans vos paroles, je n'ose vous croire sur une simple affirmation. Vous ne me refuserez pas la preuve complète de votre innocence ; dites, dites-moi le nom de cet ami indigne, de ce malheureux sur qui doit retomber le sang de mon beau-frère et de ma sœur !

M. DE VARNA.

Je ne vous le nommerai pas. Non que je trouve des excuses à son crime ; j'en ai souffert autant que vous ; j'en suis plus indigné peut-être ! mais à quoi bon ? qui de nous peut aller lui demander satisfaction, pour la mort de ses deux victimes... Est-ce moi qui le méprise !.. Est-ce vous qui êtes prêtre !.. Est-ce Charles ? Charles qui je le vois bien, est son fils !.. D'ailleurs, ce jour d'éclaircissemens et de réconciliation n'est-il pas un jour d'indulgence ?.. Abandonnons à la justice de Dieu celui qui a causé tant de catastrophes, et n'y songeons plus que pour les réparer !.. Ce n'est pas le père de Charles que j'ai tué. Votre beau-frère l'avait reconnu, n'est-ce pas, pour lui donner un nom et une famille ; mais enfin, le sang de cet homme juste, versé par une fatalité déplorable, ne s'élève plus entre nous. Vous me demandez une preuve complète de mon innocence ?.. Hé bien, je vous offre de nouveau la main de ma fille pour votre neveu. Croyez-vous que je voudrais unir le frère et la sœur ?

M. WOLF.

Non, je ne le crois pas. M. de Varna, vous êtes le plus honnête homme que je connaisse !.. (Il lui tend la main.) Vous avez raison. Abandonnons le coupable à la justice suprême et ne songeons qu'au bonheur de votre fils... Il faut maintenant détruire l'effet de mes paroles... Comment y parviendrai-je, sans lui révéler le secret de sa naissance ?.. c'est une tâche difficile...

## SCÈNE VIII.

### M. DE VARNA, CHARLES, M. WOLF.

CHARLES, qui est entré depuis quelques instans.

Elle serait impossible ; mais j'étais resté là, mon oncle, et j'ai tout entendu !

M. WOLF.

Malheureux !

CHARLES,

Est-ce bien un malheur ?.. je l'ignore. J'ai passé par tant d'alternatives de douleur et de joie, j'ai souffert en quelques heures de si rudes secousses, que je ne puis plus rien distinguer dans mon cœur ! Mais je ne m'en défendrais en vain : le sentiment qui survit, l'idée qui s'offre la première, c'est que je puis prendre votre main et la couvrir de baisers et de larmes...

M. DE VARNA.

Charles, mon fils !

CHARLES.

Oui, votre fils ; vous seul êtes digne de remplacer celui que je croyais avoir pour père et qui ne fut que le premier de mes bienfaiteurs ! Ah ! c'est le ciel qui vous inspirait quand vous avez refusé de nommer l'auteur de tant de malheurs et de tant de crimes... ne me le nommez jamais, je vous en conjure, ne me le nommez jamais ! (Il se jette dans les bras de M. de Varna. Pendant qu'ils se tiennent embrassés, Ninette entre ; elle les voit et jette un cri de joie.)

NINETTE.[*]

Ah ! ah ! Dieu !

M. DE VARNA.

Tu arrives à propos... eh bien ! tu pleures ?

NINETTE.

Ne vous inquiétez pas : ce sont des larmes que le chagrin avait amenées dans mes yeux et que la joie en fait tomber !

M. DE VARNA.

Es-tu toujours décidée à ne plus te marier ?

NINETTE.

Cela dépend.

M. DE VARNA.[**]

Charles essaiera de vaincre tes répugnances.

## SCÈNE IX.

### LES PERSONNAGES EN SCÈNE, M. ET Mᵐᵉ FABRICIUS[***].

M. FABRICIUS, amenant sa femme.

Je vous dis, madame, qu'il est neuf heures et que Varna ne m'ayant pas écrit, c'est que le mariage de sa fille est définitivement rompu.

Mᵐᵉ FABRICIUS.

Est-il vrai, mon cher président ?

M. DE VARNA.

Vous venez me faire un compliment de condoléance et, vous voyez, ce sont des félicitations que je reçois.

(M. Wolf et Mᵐᵉ Fabricius se saluent.)

Mᵐᵉ FABRICIUS.

On nous avait trompés ? Ah, tant mieux. (A son mari.) A quoi m'avez-vous exposée, Monsieur ? Vous me le paierez.

M. FABRICIUS.

Mais nous étions convenus... je croyais...

Mᵐᵉ FABRICIUS.

Nous n'assisterons pas au mariage. Recevez nos adieux.

* Ninette, M. de Varna, Charles, M. Wolf.
** Charles, Ninette, M. de Varna, M. Wolf.
*** Charles, Ninette, M. Fabricius, Mᵐᵉ Fabricius, M. de Varna, M. Wolf.

NINETTE.

Vous partez ?

M<sup>me</sup> FABRICIUS.

Pour les eaux de Graëtz : ma santé l'exige.
M. le président, messieurs...                    (Elle sort.)

M. FABRICIUS, prenant M. de Varna à part*.

Ah ça! je tombe des nues. Comment vous êtes-
vous réconciliés ? tu as donc appris les causes
de ce duel ?

M. DE VARNA.

J'ai tout appris.

M. FABRICIUS.

Comment ?

* Charles, Ninette, M. Volf, dans le fond; M. Fabricius et M. de
Varna, sur le devant du théâtre.

M. DE VARNA.

Par une lettre contenue dans ce carnet. Pre-
nez-le.

M. FABRICIUS, avec étonnement.

Ce carnet ?..

M. DE VARNA.

C'est celui qui était dans l'habit d'uniforme
que je vous ai prêté pour aller au bal, le 18 octobre 1815.

M. FABRICIUS, avec anxiété.

Après ?..

M. DE VARNA.

Pas d'explications ; vous garderez le silence et
nous ne nous reverrons jamais !

FIN.

*P. S.* MM. les Directeurs de province, qui mettront en scène cet ouvrage, sont invités à suivre exactement les indications placées à la suite du nom des personnages. Au Théâtre-Français, la pièce a été distribuée
aux personnes et non aux emplois. L'auteur n'a eu qu'à se louer d'avoir confié un premier rôle à l'heureux
comédien qui avait créé, avec tant de succès, les personnages de lord Novart et du comte de Rantzau. Grâce
à l'intelligence profonde et à l'exécution si habile de M. Samson, toutes les nuances du caractère de M. de
Varna ont été saisies par le public. La composition du rôle de Fabricius ne fait pas moins d'honneur à M. Pe-
rier, qui a su y paraître extrêmement comique sans cesser un instant d'être homme de bonne compagnie.
Jamais l'odieux d'un personnage n'a été plus adroitement voilé. M. Geffroy, l'acteur des poètes, a jeté un intérêt touchant sur la figure de Charles Stopfell. M<sup>lle</sup> Mante, dont le succès égale enfin le talent ; M. Desmous-
seaux, M. Mirecour, ont complété l'un des ensembles les plus parfaits qu'on ait vus depuis long-temps à la
Comédie-Française. Que dire de cette belle et intelligente jeune fille, qui a bien voulu prêter, au rôle trop court
de Ninette, l'appui déjà infaillible de sa grâce et de son talent? M<sup>lle</sup> Doze n'en est qu'à ses débuts, et elle
a épuisé les formules de l'éloge. L'auteur, dont les remercîmens ne viennent qu'après l'unanime félicitation de
la presse, en est réduit à les faire remonter jusqu'à l'illustre professeur de cette charmante actrice. L'éduca-
tion de M<sup>lle</sup> Doze est l'un des plus grands services que M<sup>lle</sup> Mars aura rendus à l'art dramatique.